中华精神家园

信仰之光

上善若水

道教历史与道教文化

肖东发 主编　钟双德 编著

中国出版集团

现代出版社

图书在版编目（CIP）数据

上善若水 / 钟双德编著. — 北京：现代出版社，
2014.11（2021.7重印）
（中华精神家园书系）
ISBN 978-7-5143-3060-1

Ⅰ．①上… Ⅱ．①钟… Ⅲ．①道教－中国－古代
Ⅳ．①B958

中国版本图书馆CIP数据核字(2014)第244297号

上善若水：道教历史与道教文化

主　　编：肖东发
作　　者：钟双德
责任编辑：王敬一
出版发行：现代出版社
通信地址：北京市定安门外安华里504号
邮政编码：100011
电　　话：010-64267325 64245264（传真）
网　　址：www.1980xd.com
电子邮箱：xiandai@cnpitc.com.cn
印　　刷：三河市嵩川印刷有限公司
开　　本：710mm×1000mm 1/16
印　　张：11
版　　次：2015年4月第1版　2021年7月第3次印刷
书　　号：ISBN 978-7-5143-3060-1
定　　价：40.00元

　　党的十八大报告指出："文化是民族的血脉，是人民的精神家园。全面建成小康社会，实现中华民族伟大复兴，必须推动社会主义文化大发展大繁荣，兴起社会主义文化建设新高潮，提高国家文化软实力，发挥文化引领风尚、教育人民、服务社会、推动发展的作用。"

　　我国经过改革开放的历程，推进了民族振兴、国家富强、人民幸福的中国梦，推进了伟大复兴的历史进程。文化是立国之根，实现中国梦也是我国文化实现伟大复兴的过程，并最终体现为文化的发展繁荣。习近平指出，博大精深的中国优秀传统文化是我们在世界文化激荡中站稳脚跟的根基。中华文化源远流长，积淀着中华民族最深层的精神追求，代表着中华民族独特的精神标识，为中华民族生生不息、发展壮大提供了丰厚滋养。我们要认识中华文化的独特创造、价值理念、鲜明特色，增强文化自信和价值自信。

　　如今，我们正处在改革开放攻坚和经济发展的转型时期，面对世界各国形形色色的文化现象，面对各种眼花缭乱的现代传媒，我们要坚持文化自信，古为今用、洋为中用、推陈出新，有鉴别地加以对待，有扬弃地予以继承，传承和升华中华优秀传统文化，发展中国特色社会主义文化，增强国家文化软实力。

　　浩浩历史长河，熊熊文明薪火，中华文化源远流长，滚滚黄河、滔滔长江，是最直接的源头，这两大文化浪涛经过千百年冲刷洗礼和不断交流、融合以及沉淀，最终形成了求同存异、兼收并蓄的辉煌灿烂的中华文明，也是世界上唯一绵延不绝而从没中断的古老文化，并始终充满了生机与活力。

　　中华文化曾是东方文化摇篮，也是推动世界文明不断前行的动力之一。早在500年前，中华文化的四大发明催生了欧洲文艺复兴运动和地理大发现。中国四大发明先后传到西方，对于促进西方工业社会的形成和发展，曾起到了重要作用。

　　中华文化的力量，已经深深熔铸到我们的生命力、创造力和凝聚力中，是我们民族的基因。中华民族的精神，也已深深植根于绵延数千年的优秀文化传统之中，是我们的精神家园。

　　总之，中华文化博大精深，是中国各族人民五千年来创造、传承下来的物质文明和精神文明的总和，其内容包罗万象，浩若星汉，具有很强的文化纵深，蕴含丰富宝藏。我们要实现中华文化伟大复兴，首先要站在传统文化前沿，薪火相传，一脉相承，弘扬和发展五千年来优秀的、光明的、先进的、科学的、文明的和自豪的文化现象，融合古今中外一切文化精华，构建具有中国特色的现代民族文化，向世界和未来展示中华民族的文化力量、文化价值、文化形态与文化风采。

　　为此，在有关专家指导下，我们收集整理了大量古今资料和最新研究成果，特别编撰了本套大型书系。主要包括独具特色的语言文字、浩如烟海的文化典籍、名扬世界的科技工艺、异彩纷呈的文学艺术、充满智慧的中国哲学、完备而深刻的伦理道德、古风古韵的建筑遗存、深具内涵的自然名胜、悠久传承的历史文明，还有各具特色又相互交融的地域文化和民族文化等，充分显示了中华民族的厚重文化底蕴和强大民族凝聚力，具有极强的系统性、广博性和规模性。

　　本套书系的特点是全景展现，纵横捭阖，内容采取讲故事的方式进行叙述，语言通俗，明白晓畅，图文并茂，形象直观，古风古韵，格调高雅，具有很强的可读性、欣赏性、知识性和延伸性，能够让广大读者全面接触和感受中国文化的丰富内涵，增强中华儿女民族自尊心和文化自豪感，并能很好继承和弘扬中国文化，创造未来中国特色的先进民族文化。

2014年4月18日

追本溯源——道教起源

传播分化——早期道教

发展变革——道教宗派

角色转换——道教俗化

道教起源

　　春秋战国时期，原始宗教经过"诸子百家"的继承和发扬，产生了多种学术流派。其中，由于厌倦了各个诸侯国之间的长期纷争和战乱，便出现了以敬畏鬼神、清静无为以及道法自然为核心的道家学说，为我国本土宗教道教的产生奠定了基础。

　　道教，又称黄老、老氏与玄门等，最早可追溯到上古时期的自然崇拜与鬼神崇拜，从当初占卜人事的方术，逐渐演变成商周时期祭祀上天和祖先，形成了天神、人鬼、地祇三大系统，将祭祀天地与敬祖并列，称为敬天尊祖。直到汉代，才确立了"道教"的名称，形成了真正具有宗教特征的教派。

黄帝修道成仙的传说

那是我国上古时期，原始部落有熊氏首领少典的妻子附宝，天生丽质，美丽动人，被人们呼为美姬。她常在阴水边洗衣淘菜，人们见多了，就把这段河叫作姬水。

■黄帝画像

■ 黄帝陵碑

有一天夜里，四周一片漆黑，只有北斗星比较明亮。附宝忽然发现绕着它起了一道青白的光，照耀四野，天地通明。这是什么景象呢？附宝正在纳闷，忽觉腹中一股热流涌动，原来是受孕了。

相传，附宝怀孕24个月。有一天，天空出现了五彩祥云，百鸟朝凤。此时，附宝在沮水河畔生下了一个男孩，男孩出生的时候，紫气环绕其身。

相传男孩生下没多久，便能说话。长到七八岁时，就有大人风度，十二三岁就有大智慧，到了15岁，就已经无所不通了。男孩长大后，身高过九尺，相貌奇伟。他黄皮肤，宽肩膀，高额头，深眼窝，长胡须，虎背熊腰，英俊魁梧，仪表堂堂。

这个男孩因为居住在轩辕之丘，就是后来的河南新郑的西北，因此以"轩辕氏"为号，人们称他为轩辕。也有说因为他发明了轩辕，就是一种古老的车，所以人们称他为轩辕。

有熊氏 有熊始于少典，黄帝继为有熊国君。据史籍记载和考古发现，河南新郑是古代有熊国的地域，但黄帝为"有熊国君"之后，有了很大的发展，奠定了华夏民族形成的基础，故黄帝成为中华民族的共祖、宗祖神。

■黄帝雕塑

道历 道教专用的历法。在演变过程中又被称为六十花甲历、华胥历、华历、伏羲女娲历、甲子历、黄帝历、黄历、夏历、农历、阴历、周历、中华历、中历。传说道历的起算点是黄帝即位的那一天，恰逢冬至及朔旦日，所以道历的起算点是甲子年甲子月甲子日甲子时。

轩辕20岁的时候，继承了有熊国国君的位置，因为这个氏族居住在黄土地上，人们在黄土地上耕种生存，以地为大，于是就把轩辕首领称为黄帝，就是管理整个黄土的帝。他就是后来被称为中华民族"人文始祖"的黄帝。

据古籍《太乙数统宗大全》记载，黄帝即位那一天，出现了"五星联珠"的异常天象。五星是指太阳系八大行星中的金星、木星、水星、火星和土星，五星联珠是指这5颗星在一条直线上，所以道历将其作为起算点，即甲子年甲子月甲子日甲子时。这一时刻不仅是天文中五星联珠的时候，也是中华民族人文始祖黄帝即位的时刻，自然就成了中华民族历法的开端。

黄帝执政，天现吉兆，人们认为这是上苍的恩赐，降福人间。为了感谢天地神灵赐福，黄帝开始巡游天下，登临泰山，封禅膜拜，祈求上苍保佑华夏子孙，能够永远幸福安康。

黄帝听说崆峒山有个叫广成子的仙人，因养生求得道法，活了1200岁而还没有衰老。于是不顾旅途劳顿，风尘仆仆地前去拜师问道。

黄帝第一次去崆峒山求见广成子，这时他已做了

20多年的天子，已经40来岁了。这一次黄帝端坐在大象背上，元妃嫘祖和女节坐在木轮大车上，率领着文臣、武将、卫士等一百多人，声势浩大。

广成子对黄帝说："自你治理天下后，云气不聚而雨，草木不枯则凋，候鸟不到迁徙的季节就飞走，我和你这样的人有什么好谈的呢？"

黄帝回到国都后，反思广成子的话。从此勤劳焦思，忧国忧民，选贤任能，励精图治，创造文字，养蚕制丝，制造舟车，发明音律，创始医学，研究算数，创制婚姻，造就前人未有的丰功伟绩，开创光辉灿烂的中华文明，深受万国拥戴和百姓崇敬。

过了60多年，黄帝决定再次上崆峒山拜师问道。这一次黄帝单独一人悄悄上崆峒山，一路上，黄帝不辞劳苦，直到鞋底磨穿、脚丫磨破、寸步难行时，以

广成子 黄帝时期的人，住在临汝崆峒山上，黄帝曾向他请教"至道之要"。传说广成子活了1200岁后升天，在崆峒山留下了两个升天时的大脚印。一说广成子是太上老君的化身，还有说"道"的化身曾3次降于人间，分别为黄帝时期的广成子、西周时期的老子、东汉时期的张道陵。

追本溯源

道教起源

■黄帝陵守护神

上善若水

道教历史与道教文化

玄女 也称九天娘娘、九天玄女。原为我国古代神话中的女神，后经道教奉为女仙。汉魏时期，玄女在社会上特别是道教之中有很大影响。玄女与素女是房中术的老前辈，彭祖、老聃是她们的学生，黄帝的飞升也有赖于她们的法术，而在玄、素之中，玄女又居于首位。

膝代步，爬上崆峒山。砂石如刀，膝破血流，黄帝所过之处石子都被鲜血染红，成了一条血路。

当黄帝膝行到山下时，广成子派出金龙把他接上山去。黄帝见到广成子，稽首再拜，请教如何修身养性，才能达到长生不老之道。

广成子见黄帝如此精诚，心中甚慰，就起身给黄帝传授修炼道术的精要，他说：

至道之精，窈窈冥冥，至道之极，昏昏默默。无视无听，抱神以静。形将自正，必静必清；无劳汝形，无摇汝精，方可长生。目无所见，耳无所闻，心无所知。如此，神形合一，方可长生。

■ 黄帝升天图

这段话的大致意思是说，修道所要达到的最高境界就是心中一片空明，也就是在修炼之时，看不见、听不到身边的任何事务，全神贯注，凝神静修，排除外界一切干扰。这时，你的身体就会十分洁净，你的心神就会十分清爽，你就会专心做好一件事情，也就可以获得长生了。

黄帝一字一句牢记在心，只觉心明眼亮，豁然开朗，起身再拜而退。广成子不仅告诉黄帝修炼道术的方法，还授予黄帝《道戒经》70卷，《自然之经》1卷，《阴阳经》1卷。

黄帝向广成子问道后，又登过王屋山，取得丹经。并向玄女、素女询问房中术，了解性与长生不老、延年益寿相结合的道理。而后，回到自己的行宫，经过长时间的修炼，深谙长生之法。

黄帝晚年时来到中原腹地首山，采来铜矿，在荆山下铸鼎，用来熬煮油烹食物，由此开启了我国食疗养生的先河。黄帝的食疗养生方法经过后世医家、医学理论家的增补，于春秋战国时期集结成书，名为《黄帝内经》。此书是内丹养生之道的理论基础，也是我国传统医学的经典著作。

■ 黄帝神像

素女 古代传说中的神女。她与黄帝同时，或言其擅长音乐。关于素女的身份说法不一，有说是黄帝的侍女，也有说是黄帝的性学老师。在我国文学史上，素女的形象被定位为古代第一位操琴女乐师。

黄帝铸鼎烹食后，有一天，从天上突然飞下一条龙来，那条龙有着威武的眼睛和长长的、闪着银光的龙须，整个龙身透着金光，降临时好像带来万匹的金锻，笼罩了整个天空。

黄帝和大臣们都很吃惊，那只龙慢慢靠近黄帝，眼神变得十分温和，忽然开口对黄帝说："天帝非常高兴看到你带领华夏子孙又向前迈进了一步，所以特地派遣我来带你升天去觐见天帝。"

黄帝一听，点了点头，就跨上龙背，并且对群臣说："天帝要召见我了，你们多保重，再会了。"

当时有几个小臣，也想随黄帝升仙，便一齐说道："请让我们追随您去吧！"说完一拥而上，希望爬上龙背，随黄帝一起走。可那只龙一扭动身躯，把这些人都摔了下来。这些人匆忙间抓住了龙须，结果龙须断了，坠落到地上后，手中龙须都变成了龙须草。

龙载着黄帝快速飞上天空，一下子就消失在云雾中了。群臣没有办法，只好眼睁睁地看着黄帝升天而去。一位大臣看着天空，若有所思地说着："并不是每个人都上得去的啊！只有像黄帝那样伟大的人，才有资格呢！"

上善若水

道教历史与道教文化

阅读链接

关于玄女来历的说法主要有三种：在古书中记载黄帝战胜蚩尤的故事中，玄女是一位帮助黄帝战胜蚩尤的战争女神；在道家诸仙中，她是传授房中术的玄女与素女的合称或并称；在古代通俗小说中，玄女已衍变为决定主人公前程和扭转乾坤的命运、佑护之神。

另外，在民间祭祀之中，玄女又成为很灵光的送子娘娘甚至香烛业的行业神。如在北京朝阳小寺村有座著名的九天玄女娘娘庙，这里的九天娘娘已彻头彻尾地成了送子娘娘神。

老子道学高深的传说

那是在我国西周时期，在中原地区有一条涡河，河北岸有个村庄叫郑店村。这里南临涡河、谷水两条河流，北枕龙山之峰，环境清幽，风水极佳。

郑店村的中心有一片李子树林，春季里，一树白花，犹如朵朵雪花飞落林中，堆满枝头。李子熟了，果大如拳，芳香四溢，色泽光亮，呈紫色或橙黄色，好似一颗颗透明的玛瑙镶嵌在青枝绿叶间，实为罕见。

■ 老子画像

郑店村有一个大户人家，家中有个女儿叫玉女，年方二十，模样俊俏，温柔大方。这一天，玉女到谷水河边洗衣服，衣服刚洗完，忽然听见震耳欲聋的水声响起，抬头一看，只见迎面顶水漂来一样东西，还大声地叫着，仿佛游龙一般，摇头摆尾地向玉女身边游来。在离玉女两三米远时，水浪逐渐消失。

这时，玉女见一枚果子慢慢游到近前。她伸手捡了起来，只见是一枚李子，又红又大，闻着喷香。此时，玉女突然感觉口渴难耐，连果皮和果核都没吐就把水果吃了。玉女自从吃了这颗水果后就怀孕了，但十月怀胎并未分娩。直至怀胎八十一载，20岁时吃李子怀孕的姑娘已经101岁了。

有一天，天气比较热，玉女来到李树果园，又感觉口渴得受不了，就来到一棵较大的李树旁，伸手去摘一颗较大的李子，抓着树枝往下拽。

这时，突然天空乌云密布，雷声隆隆，只听"咔嚓"一个响雷，一个男孩从玉女肋下蹦了出来。

■老子蜡像

■ 老子壁画

玉女此刻也把水果摘了下来，往地上一看，只见地上跪着一个白胡子老头，口中说道："孩儿拜见母亲，不孝孩儿给母亲叩头了！"玉女见状，急忙说道："你胡子都白了，怎么喊我母亲？"他就把母亲吃水果怀孕带他81年的前后经过讲了一遍。

他一生下来连走9步，步落之处，莲花绽开。他左手指天，右手指地，说道："天上地下，唯我独尊，我当宣扬无上道法，普渡一切众生。"

这时，阳景重耀，九天称庆。只见他鹤发龙颜，顶有日光，面凝金色，美眉广颊。

玉女带着他到水池中洗澡，忽见9条龙腾空而来，化作9条巨鲤，吸水为他喷浴。此刻，又有万鹤翔空，翩翩起舞。

这时，9条巨鲤化作9条龙，从地下涌出。龙飞之

九天 "九天"是数量词，九天中的"九"字，只因它是数字单数中最大的数字，所以有"极限"之意。九天是指天有极多重，古代有九重天的说法，即：一为中天，二为羡天，三为从天，四为更天，五为睟天，六为廓天，七为咸天，八为沈天，九为成天。总之是指天之极高处。

■ 老子论道图

彭祖 姓篯，彭氏，名篯，也称篯铿、钱铿、彭铿。上古帝王颛顼的四世孙。自尧帝起，历夏王朝和商王朝。商代时为守藏史，官拜贤大夫，周代时担任柱下史。彭祖在历史上影响很大。孔子对他推崇备至，庄子、荀子、吕不韦等先秦思想家都有关于彭祖的论述。

处，出现3眼神井：第一条龙涌出的地方叫第一井，后来被美誉为"华夏第一井"；第六条龙涌出的地方叫金六井，后来被美誉为"华夏金六井"；第九条龙涌出的地方叫九井，后来被美誉为"华夏九井"。

玉女生下男孩不久，她的父亲就得道成仙，飞上天庭，玉女也要重返仙界。玉女临行前对男孩说："我要走了，会有太乙元君教你炼丹之术。"说毕，已有天上真人拥抬着八景玉舆，迎玉女升天了。

此消息很快传遍方圆百里，十里八乡七十二行的状元，都前来拜见。由于男孩雪白的胡须长垂于地，像个有道的高人，大家公认他为老子。

由于老子道学深厚，凡是受过老子教诲的人，大都能领悟修身养性的人生境界，有所成就。至此，老子的名气越来越大，威望也越来越高。

据传，老子是尧舜时期著名长寿者彭祖的后裔。

战国中期著名思想家庄周在《庄子·刻意》中记述彭祖时说：

> 吹呴呼吸，吐故纳新，熊经鸟申，为寿而已矣。此导引之士，养形之人，彭祖寿考者之所好也。

意思是说，嘘气呼吸，吐出胸中浊气，吸纳清新空气，像黑熊攀树那样缘引身体，像鸟儿展翅飞翔那样伸展四肢。这是延年益寿的方法。这样做乃是舒活经络气血的人，善于养身的人，与像彭祖那样延寿的人所追求的一样。

另据后来明代小说家许仲琳所著的神魔小说《封神演义》的描述，身为众仙之祖、众圣之师的鸿钧有3个弟子，即元始天尊、老子和通天教主，他们分别创立了3个不同派别的宗教。

神魔小说 源于鲁迅的提法，该类小说在明清时期较为兴盛。其语言风格不拘一格，想象力丰富，背景或为虚幻或为海外某地假托，综合宗教、神话等民间喜闻乐见的形式，因此至今广为传诵。不少文人或依历史事件，或依流行的神怪故事，写了大量作品。

■ 老子书写《道德经》

上善若水

道教历史与道教文化

在当时，这三位教主共立封神榜，后来通天教主大摆诛仙阵，老子应邀闯阵，在阵中与通天教主进行了一场大战。

酣战之中，老子把青牛一拍，跳出圈子来，把鱼尾冠一推，只见头顶上三道气出，化为三清。霎时间，从东、南、北方向来了上清、玉清、太清三位鹤发童颜的道人，俱带霞光万道，将通天教主团团围住。在混战中，通天教主中了老子几扁拐，落荒而逃。这就是著名的"老子一气化三清"的故事。后人有诗赞曰：

函关初出至昆仑，一统华夷属道门。
我体本同天地老，须弥山倒性还存。

老子其人到底有多大本事，当时无人知晓，因其留下的《道德经》广为传诵，越传越奇，遂被奉为寿与天齐的神仙，并有神话传颂他的事迹。

■ 老子色彩民俗画

老子之所以有《道德经》传世，是因为他有着满腹学问。老子曾经被广纳贤才的周文王请到朝中，委以"守藏史"之职，主管国家图书馆存藏的竹简。

周武王继位后，老子负责记录朝廷的朝政议论。当时等级森严，除周武王可伏几而坐

■ 老子神像

外，朝臣们只能无依无靠地席地而坐。然而，老子却被特封为"柱下吏"，可倚柱而坐，记录政事。

周成王执政的时候，曾经派老子出使西极大秦、竺干等国。老子到处讲学，颂扬周德。

大秦是我国古代对罗马帝国及近东地区的称呼；竺干就是天竺，是古印度的别称。由于老子仙风道骨，学识渊博，令人钦敬，所以，当时各国的君主朝臣都尊称他为"古先生"。

轮到周昭王执政时，老子事周已近百年。料知将要干戈四起的老子，再不愿介入这尔虞我诈的争斗，于是，他辞去朝官，骑了头青牛，西出函谷关，去昆仑山隐居修行。

老子经过函谷关时，函谷关关令尹喜知道他即将隐遁，就诚恳地请老子著书，将自己的哲学思想、智

函谷关 我国古代关卡。函谷关是我国历史上建置最早的雄关要塞之一，因关在谷中，深险如函，故称函谷关。这里曾是战马嘶鸣的古战场，又是我国古代思想家、哲学家老子著述五千言《道德经》的地方。千百年来，众多海内外道家、道教人士都到这里朝圣祭祖。

■ 老子授礼雕塑

诸子百家 是对春秋战国时期各种学术派别的总称。其中最为广泛的是儒家、道家、阴阳家、法家、名家、墨家、杂家、农家、小说家、纵横家。而以孔子、老子、墨子为代表的三大哲学体系，不仅引领了百家争鸣的繁荣局面，而且影响到周边的很多国家和地区，成为他们建立文化体系的坐标。

慧结晶留给后人。于是老子写下了洋洋五千言，这就是他留给后人的唯一著作《道德经》。

其实，在老子之前，就已经出现了许多著名的著作，例如《伊尹》《辛甲》和《太公》等。相比之下，老子的《道德经》则第一次提出了比较系统的宇宙观念。

先秦时期将黄帝和老子联称，产生"黄老之学"，老子也就成了这个学派的祖师。后来在西汉初年，由于西汉政府崇尚黄老之术，实行"无为而治"，对老子非常崇拜。

由于对老子的渲染越来越多，黄老学说为了吸引人们的注意和信仰，就尊奉老子为祖师，称他为"太上老君"。他写下的《道德经》，被奉为最高经典，为信徒所推崇。

老子是我国古代伟大的哲学家，他的《道德经》的全部内容，主要是发挥"道"和"德"两个概念。这两个名词也就代表了老子的哲学思想。

老子对于"道"和"德"的描述，多层次地剖析了宇宙、国家、万物、人类以及人本身的内涵。老子之"道"运用到社会方面就是他的政治思想，运用到人体内部就是他的修养之法。他说：

人法地，地法天，天法道，道法自然。

意思是说，人们要根据自然规律生活劳作，繁衍生息；大地依据上天而寒暑交替，化育万物；上天依据大"道"而运行变化，排列时序；大"道"则依据自然之性，顺其自然而成其所以然。

其实，最能表达老子的"道"的一个词就是"自然规律"，它包含了自然之道、社会之道、人为之道。道就是对自然欲求的顺应。任何事物都有一种天然的自然欲求，谁顺应了这种自然欲求谁就会与外界和谐相处，谁违背了这种自然欲求谁就会同外界产生抵触。

所以，在这里蕴含了人们看待世界的基本的认识论和方法论。老子以言简意赅的话语，深邃而透彻地指出了人与自然的关系，为诸多学派的学者所奉行，在当时诸子百家中很有影响力。

阅读链接

在老子的家乡河南鹿邑的东北角上有一处高约13米的高台，叫老君台，又叫升仙台。台上有座老子庙，庙前埋有一根碗口粗的铁柱子，称为赶山鞭。

相传老子成仙后，为了解救家乡百姓被隐阳山阻隔之苦，乘青牛飞回家乡治山。他一鞭下去，被削去的山顶飞到山东成了泰山，再一鞭把山腰打到河南成了平顶山。这时老子把手中的鞭杆顺手插在地上，这就是这个铁柱子的来历。老子乘青牛飞走了，而那鞭杆就永远留在了那儿。从这以后，老子家乡就过起了风调雨顺的好日子了。

先秦方士的拜神实践

　　不管是黄帝的得道飞升，还是老子的道学修为，都说明先秦时期古人对得道神仙的崇拜。事实上，早在我国史前时期，先民的鬼神崇拜便已经存在。先民们将日月星辰、风雨雷电、山川河岳，皆视为有神主宰，因而产生敬畏感，所以对其顶礼膜拜。黄帝赴崆峒山问道于广成子，修练长生久视神仙方术，就是要寻找和自然万物、祖先灵

■ 老子巨型石雕

■道教法器

魂、天地鬼神沟通的法术，欲使其服务于现实社会。

　　到了殷商时期，史前时期的自然崇拜已发展到信仰天帝和天命，初步形成了以天帝为中心的天神系统，遇事便由巫祝通过卜筮，以向天帝请求答案。而且，这时的原始鬼神崇拜已发展到以血缘为基础，与宗法关系相结合的祖先崇拜，祭祖活动定期举行。

　　这时便已出现专门从事沟通鬼神和人类的宗教职业者，即巫祝。其中，"巫"以歌舞降神，并有一套符咒驱鬼的巫术；"祝"以言辞悦神，是宗教祭祀活动中负责迎神祈祷的司仪者。他们替人治病、卜筮吉凶、画符念咒等。当时，朝廷和社会均受巫祝支配。

　　到了西周时期，鬼神崇拜进一步发展，所崇拜的鬼神已形成天神、人鬼、地祇3个系统。并把崇拜祖宗神灵与祭祀天地并列，称为敬天尊祖。所谓万物本乎天，人本乎祖。

史前时期 包括早期猿人、晚期猿人、母系氏族，以及有关"三皇五帝"的传说史，直到最后建立夏王朝。时间跨度从约170万年前到公元前21世纪。随着夏王朝的建立，史前时期也宣告结束了，我国进入了古代文明时代。

■ 古代占卜用的龟甲

方士　操弄方术的人，以养气、蓄精、炼丹等方式，达到长生不老与飞升成仙等目标。方士对我国古代医学、化学、天文、军事与神异小说取材等方面有卓越的贡献。方士就是方术士，或称为有方之士，一般简称为方士或术士，后来则叫做道士。道士之称始于汉代。

春秋战国时期，方士们则把上古时巫祝对鬼神的崇拜变为实践内容，以至把此前的神鬼崇拜赋予了许多新内涵。

春秋初期，在周平王之世，诸侯渐竞霸业，原始的政治观念已有变动，社会发展趋势促使才智之士的思想开放，形成了我国历史上第一次思想大变革。

在高谈理论的各家学派之外，其专门从事天文、地理、医药、养生等的科学研究者，便在诸子百家以外，与杂家会合，自成流派。这类时人所称的"方伎之士"，其信仰便是后世神仙思想的渊源。

当时的人们对很多事物还没有接触，更谈不上研究相关的理论。比如：山岳之间和海洋之上出现的一些使他们感到惊讶和不解的云雾幻景，深渊奇洞、海市蜃楼，以及狂风的鸣叫、高山的回响，水中的庞然大物、大海的咆哮和愤怒。这些都使他们感到迷惑和不解，甚至认为还有另外一个世界的存在。

在这样的背景下，方士就起到了常人不可替代的作用。他们或深山采药，然后制成中药，或海洋探险，或神山寻踪；有采取静功抱元守一者，也有以动功导引炼形者，凡此种种，皆为追求神仙大道。因而深得帝王将相的青睐和宠信。

战国时期，出现了许多记载神仙传说的著作，书中载有很多关于仙人、仙境、仙药等传说的文字。如《庄子·逍遥游》中就有这样的描写：

> 藐姑射之山，有神人居焉，肌肤若冰雪，绰约若处子；不食五谷，吸风饮露；乘云气，御飞龙，而游乎四海之外。

此外，在《列子》的《汤问篇》《黄帝篇》《周穆王》，屈原的《离骚》《天问》《九歌》等古籍中，都将仙境描画得美妙而神秘，其中的仙人也被描绘成外生死、极虚静不为物累、超脱自在、能腾云驾雾的神奇人物。

方士们将神仙学说及方术，与战国时期的著名方士邹衍的阴阳五行学说等糅合起来，形成了方仙道。

春秋战国时期，方仙道在社

021

■ 道教石刻

上善若水

道教历史与道教文化

徐福觐见秦始皇塑像

方仙道 兴起于战国末，是指从事方术、方技等道术的人，时称方士。包括天文、医学、神仙、占卜、相术、堪舆等技艺并宣传服食、祭祀可以长生成仙的人。方仙道是道教的前身，其信仰的神仙长生说成为后世道教最基本的信仰，其神仙方术也为后世道教所继承发展。

会上活动非常活跃、并对后世产生深刻影响的方士主要有苌弘、邹衍、徐福等。

苌弘是东周第十一代君主周灵王时期的方士，是史籍记载最早的方士之一。后据西汉史学家司马迁《史记·封禅书》说：苌弘以方士之术侍奉周灵王。当时周王室弱而诸侯强，诸侯心存不服，苌弘就以天神惩罚报应之说，晓之以理，告诫诸侯。苌弘还射杀狐狸，砍下狐狸的头，以警示那些内心不服、有叛逆行为的诸侯。

从这一史料表明，苌弘不但通晓方术，还是周灵王身边的重臣、谋臣。当他看到诸侯不服并有叛逆行为之时，他用"善恶报应"之说，并以"杀狸儆侯"的方法来威慑诸侯。这就是俗称"杀鸡给猴看"的最早典故。

邹衍是战国末期齐宣王时著名的方士、阴阳家。

邹衍将五行之说进行了历史性改造，进而提出了"天人感应"和"天道循环"的理论，并由此创立了"五德终始"之说。

阴阳五行之说最早见于古籍《尚书·洪范篇》，它的宗旨在于论述宇宙世界是由金、木、水、火、土5种基本元素构成。邹衍认为，五行之间是相生而又相克的：

木生火，火生土，土生金，金生水，水生木；水克火，火克金，金克木，木克土，土克水。

根据这种相生相克及天道循环理论，邹衍认为人类的历史，包括王朝的更替，万物的盛衰等，都是按照这五行相生相克的规律无限循环的。这就是"五德终始"之说。

"五德终始"之说，对后世的炼丹术、中医学、养生学、病理学、地理风水、建筑布局等各方面，都产生了很大影响。

徐福是战国末期著名方士。他幼年习读儒书，后拜著名阴阳大师鬼谷子，即"王禅老祖"为师，研习阴阳五行之术，之后修真炼丹、行医布道。据《史记·封禅书》说：秦始皇统一天下后，为求长生

司马迁（前145—前86），字子长，西汉伟大的史学家、文学家、思想家。他发奋创作了我国第一部纪传体通史《史记》，原名《太史公书》。该书记载了从上古传说中的黄帝时期到汉武帝时期长达三千多年的历史，是"二十五史"之首。

■徐福塑像

不死之药，曾派徐福率500童男童女入海求神山，结果徐福一去不返。

原来，徐福入海求神山，求仙药未得，害怕秦始皇迁怒，故在海上漂流数日后，又率船队经庙岛群岛，横渡渤海至辽东半岛，然后沿半岛东南近海至朝鲜半岛，再折南而行，横渡朝鲜海峡，到达日本的本州和歌山。徐福及其船队抵达北九州的大岛后，进入濑户内海，远达纪伊半岛。

徐福抵达日本后，将秦王朝高度发展的造船技术和政治制度、文化艺术、生活方式以及冶炼、农耕、医学、文字、货币、宗教、养生、建筑、服饰、瓷器和当时世界最先进的科学技术，加以应用和传播，使古代的日本发生了巨大变化。

徐福开启了中日人民友谊、文化交往的先河。历代日本人民把徐福尊为"丰收神"、"纺织神"和"医药神"加以供奉和祭祀。

春秋战国时期方士的产生和发展，是历史发展过程中带有原始宗教色彩的神秘而神圣的文化现象。他们对当时及后世的历史、政治、文化、科技、中医药学、古化学、冶炼学、天文学、养生学、神学、艺术等各方面影响深远。其中方仙信仰和方技术数被沿袭下来了。

阅读链接

战国时期著名的方士、阴阳家邹衍提出的"五德终始"的理论，试图说明事物运动变化的普遍的规律。他把历史看成常变的，认为没有万世长存的王朝，具有朴素唯物主义和辩证法的思想因素，但他忽视了历史变革是社会发展的产物，将之归结为神秘的天意，有一定的历史局限性。

邹衍的阴阳五行思想对后代哲学、医学、历法、建筑等领域影响很大，尤其是在汉代被董仲舒的新儒学所吸收，成为支持"君权神授"学说的理论基础。

早期道教

秦汉时期出现了我国历史上第一个大一统国家，执政者为祈求上天保佑国祚绵长，祀"五帝"、敬鬼神、封泰山，并且访仙求药之术大兴。这种强烈的寻求超自然能力的愿望为道教所继承和发展，至东汉中后期，五斗米道和太平道相继出现，成为道教宣扬教义活动的发端。

经过魏晋时期的发展和南北朝的改革，至隋唐时期，两代帝王都推崇道教，道教借此机会进入兴盛阶段，并在各个方面取得了历史性成就。

汉初社会推行黄老学说

道教天神鎏金像

　　黄帝和老子的学问经过春秋战国时期方士们的不断丰富，形成了一门哲学、政治思想流派，即黄老学派。

　　黄老学派作为一种哲学的思想，形成于战国时代。但作为一种广为流传的社会思潮，则是在西汉时期。

　　汉初几代执政者都能够以秦亡为戒，认识到要取得一个相对稳定和持续发展的政治局面，就必须努力缓和阶级矛盾，与民休养生息，实行无为而治。于是，来自黄老思想的君道无为、刑德相辅、节欲崇俭、爱民养民的观念就很快转化成一系列切实可行的治国之道。

据《史记·高祖本纪》记载，刘邦入关之初，即宣布约法省禁，"悉除去秦法"。汉政权建立后，刘邦成功地运用黄老之术，在全国推行郡国并行制，又以柔克刚，以守为攻，次第消灭了有严重分裂倾向的异姓王势力，并分封子弟，以扩大和巩固新生政权。

■ 道教人物石窟

除了刘邦外，汉文帝、汉景帝也继续将黄老之术作为治国方略，这一时期就是历史上著名的"文景之治"。汉文帝以一藩王继承大统，其时羽翼未丰。所以他特别注意信任和依靠前朝重臣，所以刘邦时的功臣周勃、陈平、灌婴等人相继被任命为相。这样既融洽了新旧君臣之间的关系，又保证了高层领导集团的团结一致。

汉文帝多次下诏"举贤良方正、能直言极谏者"，使一大批年轻有为的知识分子进入官僚集团，扩大了汉政权的基础。东汉史学家班固在《汉书·刑法志》中曾高度评价说：

及孝文即位，躬修玄默，劝趣农桑，减省租赋……吏安其官，民乐其业，蓄积岁增，户口浸息。

郡国并行制 最初刘邦曾封韩信、英布等为王，由于这些人非刘姓藩王，对汉政权造成了威胁。汉文帝、汉景帝时期采取了郡国即藩王分封制和郡县制同时存在的策略，实行郡县实际掌握地方政权的制度，进一步加强了中央集权。

道教诸神画像

削藩 西汉文景时期削减诸侯封地和权力的措施。刘邦在逐步消灭异姓王的同时，曾封自己的子弟为王，认为这是天下同姓一家，可以屏藩朝廷。汉文帝继位后，把一些举足轻重的大诸侯国析为几个小国，以图削弱诸侯王的势力，在一定程度上削弱了诸侯王对中央的威胁。

到了汉景帝时，皇帝长期生活在黄老之术氛围中，其母窦太后也好"黄帝老子言，景帝及诸窦不得不读《老子》，尊其术"。这种现象自然引起上行下效，方士甚至朝廷大臣都不遗余力地钻研黄老之学。

在汉文帝、汉景帝治国时期，朝野内外，对黄老之术从之者甚众，著名者除胶西盖公、曹参之外，尚有陈平、陆贾、黄生、田叔等人。在处理与诸侯王关系问题上，黄老之术的以柔克刚、以静制动观念也成为一种非常有效的政治润滑剂。

汉初诸侯王的势力十分强大，其中尤以吴、楚、齐为最，其领地几近"天下之半"。这种政治格局，使中央集权时刻面临着被分裂的威胁。但汉文帝、汉景帝不急于削藩，而是对诸侯王采取了长期的优容政策。如吴王刘濞失藩臣之礼，称病不朝，汉文帝反赐其几杖，默许其不参加朝会。

黄老之术历来反对治国者穷奢极欲，提倡"卑宫室而高道德，恶衣服而勤仁义"，因而，汉初推崇黄老的几位皇帝都十分俭朴。最具代表性的是汉文帝，在位期间，帷帐无文绣，以示简朴为天下先。在营建自己的陵墓时，还明确告诉后人不许起坟，不得以金银作装饰，陪葬品都用瓦器。

黄老思想循序渐进，以柔克刚。以学术上的普及，逐渐影响国家政治以及社会意识形态。汉初执政者即根据黄老思想采取了很多积极措施，诸如与民休息、减轻杂税、重视农业、抑制豪强、休养生息等。

经过几十年的和平发展，到汉景帝末年和汉武帝初年，社会和国家都已经比较富庶，百姓人给家足，以至国库的钱把钱串坠断，太仓的粮食由于太多而烂掉。司马迁在《史记·平准书》中记载说：

■ 道教泥塑神像

京师之钱累巨万，贯朽而不可校；太仓之粟，陈陈相因，充溢露积于外，至腐败不可食。

由此可见，汉文帝和汉景帝时期，政治清明，经济发展，人民生活安定，堪称太平盛世。因此，史家称这段时期为"文景之治"。

黄老之学造就了我国历史上有名的空前盛世，使汉王朝国力从汉

道教宝灯

上善若水

道教历史与道教文化

初的衰败到汉武帝时期的极度强盛，深深影响了日后历代开国君主的治国政策。随着黄老之学的继续发展，追求自然和谐、国家太平、社会安定、家庭和睦的宗教思想便呼之欲出。

由于老子学说中很多地方都说到了道，阐述了道，他的信徒就将老子思想称为道家，并奉他为道家鼻祖。当把老子思想发展成为一种宗教的时候，他的信徒就把这种宗教称为"道教"了。

一般说来，宗教是人们对社会现实生活态度的集中体现，在思想上崇尚自由平等，在行为上互帮互助，在情感上给人以宽慰，在灵魂上给人以引领。在先秦诸子百家中，能够如此慰藉心灵的，只有老子和《道德经》。道教早期的经典《太平经》《老子想尔注》中的很多思想就是对老子的"道"和"德"的发挥和演绎。

阅读链接

窦太后名窦漪房，是汉文帝刘恒的皇后，汉景帝的母亲。由于窦氏出身贫苦，同情百姓的悲苦，与汉文帝同节俭，减轻百姓的负担。《汉书·文帝纪》中说，汉文帝"即位二十三年，宫室苑囿车骑服御无所增益"。

窦太后好黄老之学，与相国曹参主张实行以黄老之术治国，省刑薄敛，与民休息，这些主张，深深地影响了汉文帝、汉景帝的治国方略的制定。在窦太后等人的影响下，黄老之学于汉初见其大效，国以大治，足见黄老之学非托空言。

张道陵创立五斗米道

东汉复国初期，因光武帝刘秀与他的一班文臣武将，大半出身平民，所以都比较崇尚朴实。而其政治方针，依然因循西汉的"内用黄老，外示儒术"，并未大加变动。所以东汉的治国之道，仍然不脱西汉师法儒、道两家的窠臼。

相传光武帝刘秀是应了图谶即预言当上皇帝的，取得政权后，他继续把谶纬之术奉作一项重要的巩固政权的工具。在发布诏命、制定法令、施政用人等方面，都要根据图谶，引用谶纬。

■ 张道陵立像

道教历史与道教文化

图谶 古代关于预言、预兆的书籍。图，预言未来事象的文字图录等；谶，是秦汉时期巫师、方士预示吉凶的隐语。东汉时汉光武帝刘秀是把图谶作为做皇帝的天命根据的第一人，而且贯彻得很彻底。当时的方士将一些自然现象伪称神灵天命的征兆，编成隐语或预言，常附有图，故称为"图谶"。

■ 张道陵塑像

东汉建武二年，汉光武帝下诏广求能够著述谶纬者而不得，遂命博士薛汉、郎中尹敏二人校定图谶。在即位之初据谶推定东汉为火德，并据此制定郊祀之礼，行夏历，定服色。

后来，群臣上言，要求汉光武帝封禅，汉光武帝未允。两年之后，他在斋戒时读到《河图会昌符》中的"赤刘之九，会命岱宗"，于是令梁松等人重新根据"洛书河图"，向他说明有关封禅问题。

梁松等查到了36条根据，奏请光武帝封禅。于是汉光武帝于建武中元元年登临泰山，举行封禅仪式并刻石以记之。接着，汉光武帝又起明台、灵台、辟雍及北郊兆域，正式"宣布图谶于天下"。至此，图谶成为最高皇权认可的法定的经典。

由于汉光武帝相信图谶，所以影响后来阴阳术数之学与谶纬预言之说大加流行。故东汉后期，学术思想由两个不同的源流汇于张道陵的五斗米道。

一方面，由于推崇术数的学者，祖述孔子传易于商瞿的传统，附会五行、八卦、天干、地支等阴阳家学说，形成术数的巨流，如焦赣、京房、费长房等人的象数易学、图谶纬术普遍流行。

到汉末，八卦、爻辰、纳甲等学相互掺杂。不久，又与佛教传来的印度天象学融会。同时，在天干、地支、二十八宿星象的观念上，又增加神人神兽等名称，从而使天人之间弥漫一片神秘的氛围，成为张道陵思想的核心。

另一方面，"祝由"巫术、咒语的流行，配合原始象形文字及会意文字等的"图腾"观念，以及与印度婆罗门教、瑜伽教派等流传的咒语、法术共同交流，发展成为"无不灵验"的符箓。

在当时，方士以斋醮告天为祈祷天神的仪式，以披发仗剑、画符念咒为通神的渠道，为朝廷及官府服务。从此，这些法术开始在社会上流行起来。遂使汉末自汉桓帝、汉灵帝以后，朝野上下笼罩着一片神秘的色彩。

张道陵又名张陵，字辅汉，其家族是一个信仰黄老之学的世家。据道书记载，他是西汉留侯张良的八世孙，7岁阅读《道德经》，就能明了其中奥义。

相传，有一天，张道陵正在家中修炼，忽见被道教尊为道德天尊的老子驾着青牛现身。在张道陵惊愕之间，老子授给他雌雄剑和许多符箓，要他诛灭横行四川的六大鬼神。然后倏然而逝。

张道陵精修千日，终于炼成了种种降魔的法术。不久八部鬼帅各领鬼兵共亿万数为害人间，他们带来各种瘟疫疾病、残害众生。张道陵于是在四川青城山上设下道坛，鸣钟叩磬，呼风唤雨指挥神兵和这些恶

■ 张道陵雕刻

符箓 是道教的一种法术，亦称"符字"、"墨箓"、"丹书"。符箓是符和箓的合称。符指书写于黄色纸、帛上的符号、图形；箓指记录于诸符间的天神名讳秘文，一般也书写于黄色纸、帛上。道教声称，符箓是天神的文字，是传达天神意旨的符信，用它可以召神劾鬼，降妖镇魔，治病除灾。

■ 张道陵修仙铜像

太学 古代大学。太学之名始于西周。汉代始设于京师。汉武帝时兴太学，置五经博士。鼎盛于东汉。其后，经曹魏、西晋，洛阳太学至北朝末衰落，历时六七百年。太学是屹立在世界东方的第一所国立中央大学，对后世产生了深远的影响，堪称我国教育史上的奇葩。

鬼大战。

张道陵穿黄色道袍，佩宝剑，持降魔印符，站立在琉璃台上，任何刀剑一接近他就立刻变成了莲花。鬼众又放火来烧，张道陵用手一指，火焰又烧了回去。鬼帅大怒，又招来千军万马重重包围，不料真人用丹笔一画，所有鬼兵和八大鬼帅都纷纷叩头求饶。

然而，八部鬼帅口服心不服，回去后又请来六大魔王，率领鬼兵百万围攻青城山。张道陵气定神闲，不为所动。他只用丹笔轻轻一画，所有的鬼都灰飞烟灭，只剩下六大魔王倒在地上爬不起来，只好叩头求饶。张道陵再用大笔一挥，一座山分成两半把六个魔王困在里面，动弹不得。于是，魔王只得答应永世不再为害人间。

正所谓"魔高一尺，道高一丈"。魔的本领再高，道的修行总是比魔更高。不管魔怎样变化，哪怕本领千变万化，道都会随着魔本领的变化而变化，并最终战胜魔，还天下一个清平世界。

张道陵本是太学诸生，通晓"五经"。由于家学渊源，年少即研习《道德经》，感叹读书无益于年命之事，遂学长生之道。

至东汉顺帝时，张道陵与弟子王长、赵升等，绕开洛阳乘舟入鄱阳湖，上云锦山。并传得九鼎丹法，在云锦山修炼外丹黄白术三年，终于炼成太清神丹。

之后，张道陵与弟子又炼成九鼎神丹，即"龙虎大丹"。传说龙虎大丹炼成后，云锦山显现龙虎之形以瑞应，遂改云锦山为龙虎山。

鹤发童颜的张道陵率弟子数人从龙虎山辗转长安，翻越秦岭经古栈道金牛道入蜀。张道陵入蜀之后，首先在大邑境内的鹤鸣山活动，积极为创建道教做准备。

张道陵之所以入蜀创建道教，主要是因为巴蜀自上古以来，受到代表东方文化的楚文化的影响极深，楚文化中的巫文化或称鬼道文化，在蜀地已经形成巫教社团。张道陵深知蜀人纯厚，易于教化，就到蜀地积极为创建道教做教义宣传方面的准备。

在创建道教之际，张道陵先后撰写完成了《老子想

■张道陵木雕像

太清　道家三清境之一，又称太清天、大赤天。为道德天尊太上老君所居。道教中常用数字"三"表示，是根据《道德经》"道生一，一生二，二生三，三生万物"的宇宙观，所以常出现三这个数字。如"三清"中的太清、上清、玉清，"三界"中的欲界、色界、无色界，"三岛"中的瀛洲、方丈、蓬莱等。

传播分化

早期道教

■ 天师张道陵神像

和光同尘 此语出
自《道德经》第
四章和第五十六
章:"挫其锐,
解其纷,和其
光,同其尘。"
意思是指不露锋
芒,用与世无争
的平和处世方
法。也有比喻随
波逐流,同流合
污。本意是道家
无为而治思想的
体现。也是一种
处世态度。

尔注》《黄书》《道书》和《二十四图》等24部有关道教教义的书。并以符水等道术治病,发展教徒。由于他规定入教者需交五斗米,因此后世又称道教为"五斗米道"。

张道陵希望人类超脱自在、不为物累地安居生活,能够长生久视,与天同寿,一同追求永恒的生命。他构想出道教的三十六洞天,七十二福地。而这些洞天福地不都在天上,而分布于华夏境内秀丽的山川胜地,人在这些地方修道,就是活神仙,任何人都可以在此修炼,一同成仙。而且人要与周遭环境"和光同尘",要与自然相和谐,即不要离开俗世,也不要羁縻于红尘。

张道陵叫弟子们按照需要轮流交纳米粮、器具、纸笔、柴草等日用品。同时也关系当地的百姓的福祉,当地有很多桥梁道路需要修复,但一直无人过问。张道陵利用自己的号召力,召集弟子和乡亲们出力,他们争先恐后地清除道上的野草,清挖堵塞的河道。使人们逐渐对道教产生好感。

张道陵为了唤起人们的廉耻心,以及教化人心,就立了一条制度:凡是有疾病的人,都要把自己有生以来犯过的罪过写在纸上,然后扔到水里,向天神发誓以后永不再犯,再犯就必死。以此规劝人心向善。

张道陵在去世前，授给长子张衡两把斩邪剑，嘱咐他要驱邪诛妖，保国安民，并表示世代由一个子嗣来继承他教主的地位。

张道陵去世后，他的儿子张衡继承父业，《三国志·张鲁传》中说："陵死，子衡行其道。"张衡去世后，其子张鲁继承父业，《华阳国志》卷二中说："衡死，子鲁传其业。"道教徒尊称张氏祖孙三代为三师，即"天师"、"嗣师"、"系师"。张鲁去世后，子张盛继承父业，道教徒尊张盛为第四代"天师"。

后世历代王朝对张道陵的"天师世家"都予以优待。东晋安帝时，累至第六代"天师"张椒；隋时封第十代"天师"张子祥为洛阳尉；唐玄宗时，召见第十五代"天师"张高于京师，置坛受箓，降赐金帛，仍免租税，册封汉祖天师之号；至宋代则更隆；元惠宗赠张盛号"清微显教弘德真君"。由于张盛后人一直承袭"天师"称号，所以龙虎山上清宫之天师府，在道教徒心目中有着十分崇高的地位。

张道陵的五斗米道自创教以来道脉不断，甚至影响及东南亚和一些西方国家，成为我国传统的宗教即道教。张道陵实为我国历史上创建了可供民众信仰的、并广泛传播的、具有华夏文化基因的本土宗教的第一人。

阅读链接

五斗米道创始人张道陵，身长九尺三寸，浓眉大脸，红顶绿眼，鼻子高挺，眼睛有三个角。垂手过膝，有浓密的胡子，龙行虎步，十分威武。

据民间传说，当初张道陵的母亲梦见巨人自称是魁星下降，身穿锦绣并且拿了一枝奇花给她。他母亲接过来就醒了，只觉得满室异香，整月不散。由此感应而怀孕，张道陵诞生那天，有黄云笼罩在房子上，紫气弥漫在庭院中。房间里光华如有日月照耀，并且又出现梦中的异香，久久不散。

早期道教教派的发展

　　东汉灵帝时期，在张道陵创立五斗米道时，河北巨鹿人张角推崇黄老之学，也创立了"太平道"。它和张道陵的五斗米道一样，也是早期的道教组织。太平道以东汉宫崇所著《太平经》为主要经典。太

■ 张角起义浮雕

黄巾义旗

平道的纲领、目标、教义、称号、教区组织、口号、宗教仪式、活动内容、传教方式等，皆依据《太平经》而来。

张角熟读《太平经》，深明其理。张角手下有8名弟子，另外，他有两个弟弟，一名张宝，一名张梁，在组建太平道的过程中，这些人发挥了重要作用。经过十余年的活动，太平道信徒总数达到数十万之多，传播范围很广，声势浩大。

■ 道教太极符号

张角把全国信徒按照地区，建立了军政合一的组织"方"，共设36方，大方有信徒一万余人，小方也有六七千人，各方首领称"渠帅"。在民间产生了极大的影响。

太平道的教义宣称在天上有鬼神监视人们的行为，并根据人们行为的善恶来增加或减少他们的寿命，要求人们多行善事，少做坏事。

张角布道的方式主要是以给人治病来扩大影响。张角常持九节杖，自称"大贤良师"，把自己看成大众的先觉者。他在民间传统医术的基础上，加以符水、咒语，为人治病。并以此为掩护，广泛宣传《太平经》中关于反对剥削，主张平等互爱的观点，深得穷苦大众的拥护。

由于东汉末年社会动荡，张角就顺势而起，按《太平经》中"顺五行"的思维方法，按照五行相生

符水　即符水道教，又称符箓派，是对道教中以符咒等方术治病驱鬼为主的各道派的通称。早期的五斗米道、太平道，以后的灵宝派、上清派，直至正一道都属于符箓派。符箓派统一于正一道。该派由古代的巫鬼道发展而来，用箓祈禳，以消灾弭祸、治病除瘟、济生度死等为职事，与我国民间生活习俗联系较密切。

祭酒 道教二十四治，治首称祭酒。东汉顺帝时张道陵创立道教后，为了便于管理和教化民众，遂设立了"二十四治"。当时把负责某一教区的最高首领称为"祭酒"。祭酒有向教民讲解教义的义务，有处理违反教规的教民的权力，同时还要主持宗教活动等。

相克的理论，选定于甲子年甲子日、即汉灵帝中平年间的农历三月五日举行大起义。

张角派8名弟子到各地宣传教义，准备太平教的起义。据《后汉书·皇甫嵩传》记载，太平道起义的口号是：

苍天已死，黄天当立。

岁在甲子，天下大吉。

张角认为按照万物兴衰、朝代更替的规律，汉王朝这个"苍天"命数已尽，而黄色土这个"黄天"应当取代汉王朝。

张角自称"黄天"，其部36方教众皆着黄巾。史称这次起义为"黄巾起义"。在起义失败后，太平道也就基本上销声匿迹了。

张角的太平道和张道陵的五斗米道都是道教早期教派，共同遵行《太平经》教义，而且起初都有意成为一种政教合一的宗教形式。

在张角传播太平道的同时，张道陵之孙张鲁也在汉中地区传播五斗米道。五斗米道在张鲁这里得到了发展和完善，甚至有人认为张鲁是五斗米道

■ 道教太上咒语厌胜钱

的创始人。

张鲁的宗教活动与太平道类似，但也有自己的特色。张鲁的五斗米道以"治"为单位，"天师"为最高领袖，道中二十四治首被称为"祭酒"。道中的祭酒统领信道教众，组织相当严密。

张鲁将新入道的信徒称作"鬼卒"，成为骨干后，由其统领一治新教徒，则升为"祭酒"，祭酒还负责在要道路口设立"义舍"，为过往行人准备食物。

祭酒讲解《道德经》的记录名为《老子想尔注》。书中主张信徒努力修道，"各安其位"，以达"治国令太平"的理想；要求教徒遵守"忠孝诚信、行善积德"的道义。

张鲁在三国时期曹操远征巴蜀时受其官职封赏，随其到了内地，五斗米道徒几万户被曹操安置于长安、洛阳、邺城等地。这样，由张道陵最初发源于四川的五斗米道开始在内地传播。很多贵族加入五斗米道，如王羲之，祖辈从汉魏之际即信仰五斗米道。此时，五斗米道更名为"天师道"。

在张鲁及其教众北迁之后，天师道内部也开始分化。张鲁迁到邺城后的第二年去世，天师道便失去了统一的基础。于是，北迁后的诸祭酒便"人人称教，各作一治，不复按旧道法"办事，各自立治传教。

■ 张鲁雕像

农历 是我国长时期采用的一种传统历法，以朔望的周期来为定月，用置闰的办法使年的平均长度接近太阳回归年，因这种历法安排了二十四节气以指导农业生产活动，所以称为农历，又叫中历、夏历，俗称阴历。

■ 葛洪画像

上善若水

道教历史与道教文化

八王之乱 西晋年间司马氏同姓王之间为争夺中央政权而爆发的混战，前后历时16年，我国历史上空前的大内讧，并引发了亡国和近300年的动乱。其最终结局是东海王司马越夺取大权。被认为是导致西晋灭亡的原因之一。实际上参与这场动乱的王不止8个，但八王为主要参与者，故史称"八王之乱"。

如此一来，一方面使天师道的势力扩展至北方，在中原地区广泛传播开来；另一方面又陷入了组织涣散、戒律松弛、思想紊乱的状态，甚至有些教徒开始腐化堕落，从此，天师道走向衰落。

至两晋时期，一些天师道首领中出现了上层化的趋势。他们奔走于权贵之门，攀龙附凤，直接参与领导集团内部争权夺势的斗争，各为其主出谋划策，并发挥了重要作用。

例如西晋的初期，先后一度把持朝政的杨骏和贾后，都曾利用天师道术士来巩固他们的领导地位。其中，最突出的是赵王伦与孙秀。赵王伦是西晋初年"八王之乱"的核心人物，其谋士孙秀即为天师道的忠实信徒。

晋代道教上层化的另一表现是，道教传播于世胄高门，使大批高级士族加入道教，成为它的信徒，出现了一些天师道世家。如钱塘杜氏，琅邪孙氏、王氏、徐氏，吴兴沈氏，高平郗氏，陈郡殷氏，东海鲍氏，范阳卢氏，会稽孔氏，丹阳葛氏、陶氏等。

这些士族大量涌进道教以后，将其思想也带到道教中，引起道教内部在思想和组织上的蜕变。于是，各类道教书籍日益增多，新的道派也相继出现。

在这个转变关头，东晋道教学者、著名炼丹家葛洪对战国以来的神仙方术思想作了系统的总结。在其所著的《抱朴子·内篇》中，他为道教构建了种种修炼成仙的理论和方法，提出以神仙养生为内、儒术应世为外的主张。

葛洪将道教的神仙方术与儒家的纲常名教相结合，建立了一套长生成仙的理论体系，使道教的神仙信仰理论化，丰富了道教的思想内容，为上层化的士族贵族道教奠定了理论基础，对后世道教的发展有很大的影响。

到了南北朝时期，北朝的天师道世家寇谦之，南朝的陆修静都对天师道进行了改革。

寇谦之出身贵族家庭，祖辈几代信奉天师道。他自幼学道，后跟随道士到华山修道，最后选定嵩山作为其传道地，成为十六国北魏之际北方天师道领袖。

寇谦之废除了原来祭酒等道官私授教职的做法，

士族 又称门第、衣冠、世族、势族、巨室、门阀等。门阀，是门第和阀阅的合称，指世代为官的名门望族，门阀制度是我国历史上从两汉到隋朝之前选拔官员的系统。直到隋朝开国，门阀制度才逐渐被以个人文化水平考试为依据的科举制度所取代。

■《抱朴子》古籍

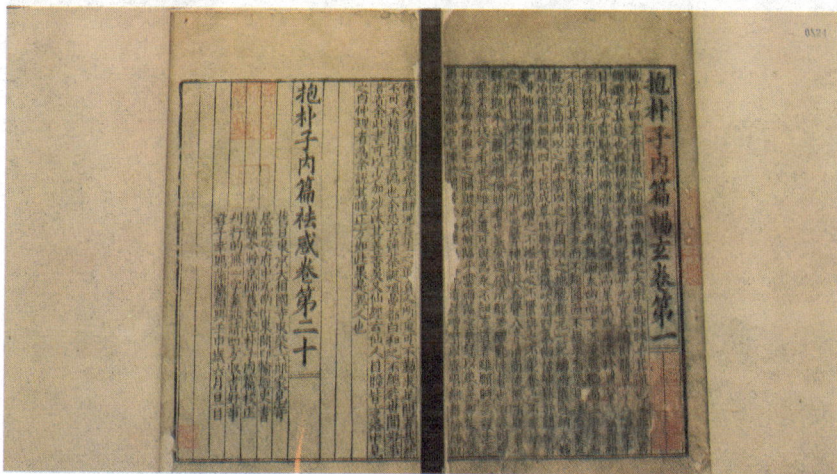

以及天师道一些教职的世袭制度，要求"唯贤是举"，并废除五斗米道原有的24治名称，规定信徒不得随意改投道观，道观招收弟子应先考察3年，等等。

同时，寇谦之还重新制定了有关宗教活动的教规。废除入道费用、治病报酬和租米钱税等，规定"从今以后，唯听民户岁输纸三十张，笔一管，墨一挺"。寇谦之教导道教信徒应当遵守修道戒律，并认真做斋功礼拜，从而得道成仙。后人称寇谦之改造后的天师道为新天师道或北天师道。

寇谦之还制定了道教音乐。道教音乐是古代巫觋祭神仪式的承袭与发展，最初诵经为直诵。据《魏书·释老志》记载，北魏明帝神瑞年间，寇谦之称自己在嵩山遇到了太上老君，太上老君授其天师之位，并赐《云中音诵新科经戒》。于是，寇谦之制定了《乐章诵戒新法》，遂产生了《华夏颂》《步虚辞》等最初的道教音乐。

《华夏颂》是吸收、改编秦汉时宫廷中演奏的雅乐而成的，它大

葛洪艺术雕塑

约是在道教仪式开坛前行进吟咏的一种音韵。据《玉音法事》注说：

> 华夏，三千五百里为华夏，言其迢远之意，今华夏自思真堂举起，徐徐吟咏，过廊庑，登殿堂，而毕。似取其迢远之意也。

《步虚辞》多是对神仙的颂赞之词，一般是五言、七言的诗歌词，长短不拘，视法事的需要而定。因其音韵若众仙缥缈行于虚空歌颂之音而得名，风格古雅。

■ 葛洪画像

南朝茅山道士陆修静出身于江南吴郡的士族名门，他对道教发展有着重大的贡献。为了将当时的道经去伪存真，加以整理，他到处搜访道经，足迹遍布半个全国。

陆修静整理了《灵宝经》，编写了《灵宝经目》。在编写《灵宝经目》时，将《灵宝经》分为"三洞四辅十二类"。后来的《道藏》就是在此基础上发展形成的。

陆修静还撰写了《太上洞玄灵宝授受》，其中便收有《步虚辞》。现存明《正统道藏·洞玄部·赞颂类》所收《玉音法事》中录有多首《步虚辞》。

陆修静逐步制定完善了道教戒律和斋醮仪式，整

雅乐 道教进行斋醮仪式时，为神仙祝诞，祈求上天赐福，降妖驱魔以及超度亡灵等诸法事活动中使用的音乐，即为法事音乐、道场音乐。道教音乐是道教仪式中不可缺少的内容，它具有烘托、渲染宗教的气氛，增强信仰者对神仙世界的向往和对神仙的崇敬的作用。

■ 道教古籍插画

上善若水

道教历史与道教文化

僧 是梵语"僧伽"的简称，意译为"和合众"，即指信奉佛陀教义，修行佛陀教法的出家人，亦指奉行"六和敬"，"和合共住"的僧团。它的字义就是"大众"。僧伽是出家佛教徒的团体，至少要有四个人以上才能组成僧伽。所以一个人不能称僧伽，只能称僧人。

理出一套比较完整的规定。经过陆修静在斋仪方面的统一、规范和编订工作以后，天师道从形式到内容上，都得到了进一步的充实和健全。后人称他的天师道为南天师道，和寇谦之的北天师道相区别。

道教经过汉末和魏晋南北朝时期的改造，已经有了较为完备的教义理论和经典文献，建立完善了自身的斋戒仪式和相对统一的教会组织，丰富了修炼方术，形成了独特的神仙信仰体系，并扩大了在执政者和普通民众中的影响，完成了从民间宗教向官方正统宗教的演变过程。

西晋以后，在少数民族建立的十六国北朝境内，也出现了道教改造旧天师道的现象。形成了寇谦之新天师道和楼观派。

在北方十六国分布的天师道之中，像张忠、王嘉以清虚守志、修道养生为宗旨，隐居山林，招合徒众的松散道教集团很多，这对于寇谦之改革天师道的影响很大。

由于天师道经过变革后，适合了鲜卑执政者与汉族门阀地主的需要。加之寇谦之善于钻营，得到地位显赫的贵族崔浩的宠信，最终使道教得到了官方的正式承认和支持，在北魏大兴起来。

北魏初期，佛教与道教同时发展壮大。由于北魏太武帝即位之初，听信寇谦之与崔浩之言，又加之随着北魏统一战争的进展，新征服的中原地区都是佛教兴盛之地，僧侣地主妨碍国家政令统一，甚至有参与叛乱的可能，这些都成了北魏太武帝决心镇压佛教势力的原因。

444年阴历正月，北魏太武帝诏令灭佛，至548年北魏分裂后，道教与佛教在辩论中失败。北齐政权灭道倡佛，从此新天师道几近消亡了。

在北魏孝文帝时，以梁谌、王嘉、王道义、陈宝炽、李顺兴等为代表，正式形成道教楼观派。此派受南方上清派影响颇深。楼观派继承了北方天师道的传统，成为与上清派拥有同样待遇的御用道教流派，具有融合南北方道教的特点，在学术上形成了注重实用而不尚义理辨析的特点。

在这一时期，道教虽然遭遇了被废除的厄运，但基本上融合成为封建上层建筑与思想文化的重要组成部分。

从东汉以来，道教组织逐步壮大，道教诗也随之增加和日趋成熟。从形式上看，炼丹有外丹、内丹之分，因此关于炼丹的诗其内容也有内丹、外丹之别，或主内丹、或主外丹，或内外兼而有之。

中原 为中华民族、中华文明、中原文化的发源地，万里母亲河黄河两岸，千里太行山脉、千里伏牛山脉东麓，在古代被华夏民族视为天下中心。广义的中原是以中原洛阳、开封、商丘、安阳、郑州、南阳、许昌等七大古都群为中心，辐射黄河中下游的广大平原地区。狭义的中原即指天地之中、中州河南。

■ 道教人物壁画

如《太清金液神丹经》卷上所载的一篇504字歌谣，以七言一句的形式，运用象征的文学手法，暗示炼丹原理和作用。其意象的运用颇为隐晦，但其比喻与象征手法，则增加了作品的生动性。

在炼丹诗秘传之际，道门中人还注意创作咒语诗。咒语本是一种祝告之辞。相传黄帝时已有咒语传世。道教产生之际，咒语成为道士召神驱鬼、治病求道的一种形式。到了魏晋时，咒语更加发展起来。

咒语有散文体和诗体两种，但以诗体居多。较著名者有《真文咒》《三皇咒》《洞渊神咒》等。咒语诗不仅注意模拟自然声响与节奏，而且表现出明显的爱憎情绪。同时，咒语诗也注意典故的应用与气氛的渲染，甚至还有一定的场面描绘。

魏晋南北朝年间，不仅在道门中秘传炼丹诗、咒语诗，而且在社会上流行着游仙诗。游仙诗是一种歌咏神仙漫游的诗篇，它的渊源可以追溯到战国时代的《楚辞》，如屈原的《远游》，也不乏仙人漫游的描绘，颇多浪漫色彩。

在道风盛行的背景下，游仙诗应运而生。其体裁多为五言，句数不等。梁萧统《文选》首列游仙诗为文学体裁之一。从作者身份来

古代炼丹井

■八十七神仙图

看，游仙诗可分为道人游仙诗和文人游仙诗。道人游仙诗与文人游仙诗，都表现出"冲举飞升，遨游八极"的浪漫色彩和奇幻的想象力。不同的是，道人的游仙诗往往是崇道思想与神游境界的结合。道教诗因其内容独特，表现手法丰富，在我国文学史上具有独特的贡献。

总之，从东汉末年开始，道教获得了长足的发展。张道陵后人张鲁继续阐扬的五斗米道、张角的太平道以及魏晋南北朝时期出现的诸多教派，这些早期教派的发展，丰富了古代道教文化，并产生了深远的历史影响。

阅读链接

陶弘景在南朝的政坛上是负有名望的人物，而其毕生致力的学术方向，始终以修道炼丹为目的。从南北朝的道教史而论，他与北魏时代的寇谦之，都是弘扬道教的中坚分子。

陶弘景有道家老、庄的风格，参合神仙方士的道术，介乎入世出世之间，隐现风尘。而他的道家思想又渗入佛家思想的成分，而且是趋向融会道、佛两家思想与方法的前驱。至于修炼神仙与采用道术的方法，注重养生丹药而近于《抱朴子》，因此也著有关于医药方剂的《肘后百一方》等书。

隋唐时期道教的发展

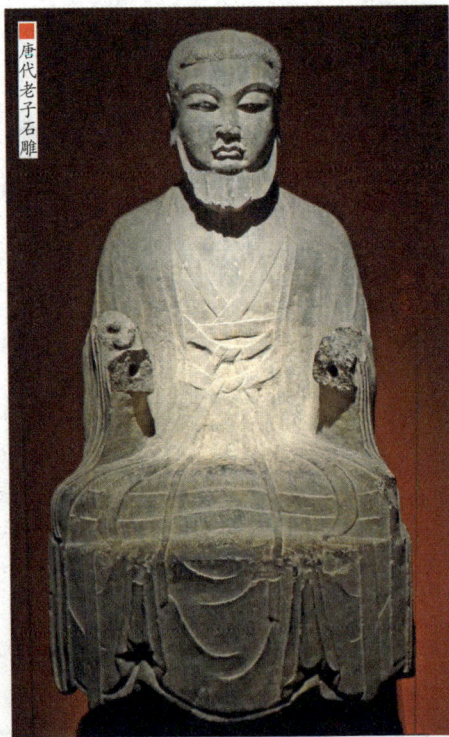
唐代老子石雕

　　隋王朝建立后，结束了我国300余年的南北分裂局面，重新获得了统一。隋朝尽管存在时间短暂，一共不到40年，但其政治经济制度和思想文化政策多为唐朝所沿袭，为唐代的繁荣奠定了基础。

　　从道教发展状况看，隋代道教正处于一个转折点，为唐以后道教的兴盛打下了基础。这种转折主要是道教自身发展的结果，同时也与隋代执政者对道教的扶持有关。

　　隋代虽以崇佛为主，但对

■ 老子塑像

传播
分化

早期道教

道教也甚为重视，实行道佛并容政策。隋文帝杨坚在夺取政权时，即利用道士为其大造舆论，即位后又对其加以重用。

隋初，隋文帝不但重用焦子顺、张宾等道士，还把他的开国年号命名为"开皇"，这个名称即采自道教经典中所谓"开劫"的年号之一。

隋文帝又造道观、度道士，以扶持道教发展。道教在隋文帝所建立的新政权中占有重要地位，在隋文帝执政期间，道教宫观及道士的数量都有所发展。

隋炀帝杨广与其父一样，既笃信佛教，又利用和扶持道教，史称"大业中，道士以术进者甚众"。当杨广还在作晋王时，即对道士徐则甚为推崇，请受道法，并想依靠徐则帮他夺取帝位。

由于隋王朝执政者道佛并重，独轻儒生，隋末参加农民起义的儒生较多，道士较少。但也有一些道士认为李渊父子能取得天下，故投其麾下，为建立李家

隋文帝杨坚

（541—604），鲜卑赐姓是普六茹，小名那罗延。隋朝开国皇帝，谥号"文皇帝"，庙号高祖，尊号"圣人可汗"。他统一天下，建立隋朝，社会各方面都获得发展，形成了辉煌的"开皇之治"，使中国成为盛世之国。隋文帝时期也是人类历史上农耕文明的巅峰时期。

■ 道教符咒铜印

符命 意思是上天预示帝王受命的符兆。是道符之一种，通常借由天尊或天帝等高级神祇的名义予以颁降。如宋元道书中屡见的"三天符命"就系颁自"三清"，故而具有极大的权威性。翻检历代道书得知，"九龙符命"之颁降者有二说：一说太乙救苦天尊，一说元始天尊。

王朝效劳。其中，尤以楼观道士歧晖和茅山宗领袖王远知为甚。

李渊称帝以后，他认为歧晖资助兴唐有功，遂于619年5月，敕令楼观台修葺老君殿、天尊堂及尹尊人庙，凡观内殿宇务令宽博，供其瞻仰。并以隋尚书苏威庄田200顷赐观。可见唐高祖李渊对道家的推崇。

在唐代，以传授上清经法为主的茅山宗一派，出了很多知名道士，如王远知、潘师正、司马承祯、吴筠和李含光等。通过他们的活动，茅山宗逐渐成为在全国具有较高地位的道派。历经齐、隋、唐三代更替而恩宠不衰，为茅山宗在唐代成为道教主流的格局奠定了基础。其中，王远知是茅山宗第十代宗师，王远知出身于官宦之家，极得唐高祖李渊和唐太宗李世民的器重。王远知本和隋炀帝交往甚密，隋炀帝曾"亲执弟子礼"，但在隋炀帝晚年，他眼见天下兵起之势，便又自称"奉老君之旨"，向李渊"预告受命之符"。李渊登位后，即拜他为朝散大夫，并赐金缕冠、紫丝霞帔。

王远知不仅向唐高祖密告符命，同时还恭维李世民是"圣人"，预言他"方作太平天子"，要他"自惜"。在李世民与其兄李建成争夺皇位的斗争中，佛教徒以法琳为首拥护李建成，而道教徒以王远知为首拥护李世民，结果李世民取得胜利，故即位后十分器重王远知。同时，李世民又降玺书以褒奖之。

唐代执政者之所以尊崇道教，还有一个特别的原因，就是唐初门阀士族的传统势力还很强大，若非系出名门，就得不到社会的重视。唐代执政者为了提高其门第，神化其皇权，就利用道教所奉的教主老子姓李及唐皇室也姓李的关系，尊老子为道教始祖，宣称自己为"神仙苗裔"。这样，既可借神权提高皇朝地位，又可借此宣称李氏代隋为"奉天承运"。

因此，当王远知等道士宣称奉老君之旨，向他们密告符命之时，便大肆渲染与赞赏。以后这类神话更是有增无减。

唐虽承隋的道佛并容政策，但是隋以崇佛为主，而唐则以崇道为主。道佛二教则互相排挤，彼此都想一教独尊，而唐初社会上仍有重佛轻道的积习。唐太宗为使"尊祖之风"，遂继其父李渊之后再次下诏，规定道士、道姑在僧尼之上。

唐太宗的诏书发布后，佛教徒智实、法琳约集法常、慧净等诣阙，上表力争，李世民令岑文本宣敕严诫，众僧饮气而还。只有智实固执不奉诏，乃遭杖责于朝堂，次年病卒。这是唐代道佛二教互争地位高低，道教在政治上得到李唐皇室支持而第一次取得优势的地位。

唐高宗李治嗣位之初，政权执掌在长

■ 道教乌鸦元帅立像

孙无忌、褚遂良等贞观时期的老臣之手，遵守贞观遗规，继续奉行崇道抑佛的政策。唐高宗曾经从尼寺里召唐太宗时的才人武则天入宫为昭仪。次年废皇后王氏，立武则天为皇后，并参与朝政，后称天后。

后来，武则天掌握了唐王朝政权，她欲以周代唐，便依靠佛教大造篡权夺位的舆论。因此，佛道轻重关系逐渐发生扭转。

唐玄宗李隆基继位后，鉴于武则天依靠佛教势力篡夺李家王朝的事实，自即位之日起，便大力推进开国以来的崇道政策，以提高道教地位，促进道教的发展。从而形成了唐代道教的全盛时期，这在道教发展史上具有重大影响。

由于唐玄宗崇道，当时一些公主妃嫔，多有入道观为道姑者，杨贵妃也被度为太真宫女道士。朝臣中，如宰相李林甫等，皆请舍宅为观，诗人李白也加入道教。仅长安城中的道观就有30处之多。

唐玄宗一朝的宫观建造对社会经济产生了一定的影响，出现了围绕宫观开展的经济活动，如生产、贩卖道教法事所需的器物，专业写经、铸像等。后来在

■ 道教铜五供

唐末五代时，四川成都的"蚕市"，就是道教节日或重大法事活动时，在道观周围形成的临时集市。

据唐末五代道士、道教学者杜光庭《道教灵验记》记述，蚕市一般是三月三日在宫观周围进行，并有接受符箓活动等。逐渐成为后世庙会经济的雏形。

■ 道教法器阴阳鱼

唐代道教对社会生活的影响也不容忽视，有人自愿弃官作为道士，有人则居官学道，有人与道士过从甚密。由于向往神仙长生，上层社会中服食道教丹药蔚然成风。

丹药的魅力是无与伦比的，在追求长生的路上前赴后继的帝王们，无法放弃对丹药的追求。唐代是一个崇尚冒险、相信奇迹的时代，以唐太宗为始作俑者，唐代的帝王们多有以性命为代价，苦求长生者。

唐太宗服用的长生药并不是中原本土的道士所造，而是印度婆罗门僧人那罗迩娑婆寐，依据其本国旧方配制的。唐太宗服用后，并没有出现奇异效果，但仍然寻求不舍。唐太宗之后的唐玄宗、唐宪宗、唐穆宗、唐武宗、唐宣宗都是长生药的崇拜者，后3位皇帝皆因此而殒命。

在唐代广泛表现社会生活的文学艺术作品中，受到道教思想影响的作品俯拾皆是。在唐诗中，就有许多以宫观、道士为素材的题咏，咏叹神仙世界的奇谲

婆罗门 又作婆啰贺磨拏、婆罗欱末拏、没啰憾摩。意译净行、梵行、梵志、承习。古印度四姓中，最上位之僧侣、学者阶级。为古印度一切知识之垄断者，掌握神权，占卜祸福，垄断文化和报道农时季节，在社会中地位是最高的。是古印度种姓制度的鲜明体现。

■ 唐代炼丹用银盒

上善若水

道教历史与道教文化

唐人传奇 唐人传奇是我国真正的"小说"的发端，在这之前，小说之流的文体并不受正统文学界重视，甚至《汉书·艺文志》将其蔑于九流之外。唐人传奇则代表我国短篇小说的成熟，与唐诗一起成为有唐一代的两座文学高峰，其中的名篇《莺莺传》《柳毅传》《枕中记》《李娃传》《霍小玉传》《南柯太守传》等都脍炙人口。

瑰丽，渴望飞升成仙的描写。从唐初的诗人王绩到盛唐诗人孟浩然、李白都留下了有关道教的诗词。

唐以后，反映道教生活和追求成仙的诗歌日益繁荣。其原因，一是道人们热心于诗歌创作，如著名道士吕洞宾、施肩吾等，结合山水名胜的描写，表现自己对道教宗旨的见解和对神仙的信念，通过对修道方法的描述，以昭示道教教义的深奥哲理；二是许多文人在受到道教思想熏陶或者观察体验了道教生活之后，也创作了一些同类题材的诗歌作品。

在这些诗人中，有些思想旨趣基本上与道教的神仙理想相合，有些虽然并不是虔诚地相信道教，但在他们的创作中又往往表现出追求道教神仙的意境。

唐代文人画也多取材于道教神仙人物。唐代大画家吴道子在洛阳老君庙创作"老子化胡经变相"等壁画。唐宪宗时曾刻板印行《老子化胡八十一化图》。唐人传奇小说中亦充满道教神仙故事。

道教对神仙世界的想象，也推动了唐代道教音乐的大力发展，道教音乐几乎不绝于皇宫之中。唐代，道教因受帝王的推崇，道教音乐也受到重视，唐高宗曾令乐工大量创作道教音乐。唐玄宗不但诏令道士、大臣创作道教音乐，还在宫廷内道场上，亲自教道士步虚声韵。

唐玄宗还诏令道士司马承祯、李会元制《玄真道曲》《大罗天曲》；令工部侍郎贺知章作《紫清上圣道曲》；令太常卿纬缞制《景云》《九真》《紫极》《承天》《顺天乐》《小长寿》等六曲。玄宗自作《降真召仙之曲》《紫微送仙之曲》等道曲。

唐代诗人的作品中，也经常描写道教音乐玄幽空灵、超凡脱俗的意境。张籍就有"却到瑶坛上头宿，应闻空里步虚声"之句；女诗人薛涛在其《试新服裁制初成》诗中，有"长裾本是上清仪，曾逐群仙把玉芝。每到宫中歌舞会，折腰齐唱步虚词"之句。可见，当时道教音乐十分流行。

在唐代，因道士的流动，道教音乐由宫廷传至民间，又吸取了许多民间曲调，包括一部分佛教音乐和西域音乐。有的被改名后即用于道教活动，如把《无愁》改称《长欢》，《苏罗密》改称《升朝阳》，将它

步虚 是道士在醮坛上念诵词章采用的曲调行腔，传说其旋律宛如众仙缥缈步行虚空，故得名"步虚"。步虚词大都寄托了作者对神仙世界的向往或者对修道生活的追求，曲折地反映了作者对现实世界的不满。但大多并未进入后世的道教仪式，仅为道士在步虚中所吟唱。

■ 古代炼丹台

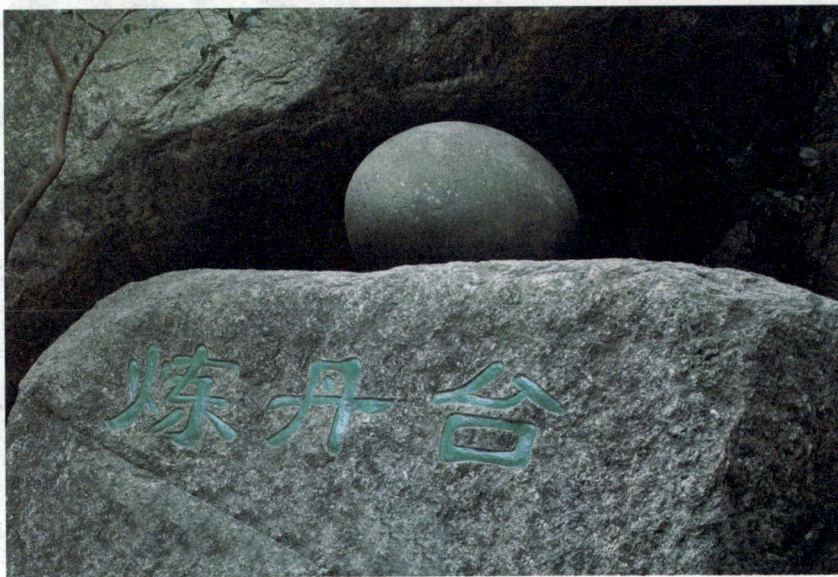

们都纳入了道教音乐的范畴。

唐末张若海撰《玄坛刊误》，称唐代道教音乐为"广陈杂乐、巴歌渝舞，悉参其间。"唐末五代时，著名道士杜光庭集前代道教斋醮科仪之大成，编辑了《道门科范大全集》，道教的斋醮仪式得到进一步规范。此时的道教音乐，从单纯的打击乐器钟、磬、鼓等，增加了吹管和弹拨乐器。

由于唐皇室的大力倡导，唐代研究老庄思想蔚然成风，因而在道教理论建设方面有很大的发展。唐代涌现了许多道教学者，如孙思邈、成玄英、李荣、王玄览、司马承祯、吴筠、李荃、张万福、施肩吾、杜光庭等，他们对道教的教理、教义和修炼方术等方面

老庄思想 "老庄"是老子和庄子的并称，借而代指道家学说。老子著有《道德经》，庄子著有《庄子》，都主张"清静无为"、"顺应天道"、"逍遥齐物"等思想。道家思想后来被张道陵及其后人张鲁的五斗米道等宗教吸收，并演变成我国重要的本土宗教道教。

■《杨贵妃入道图》

《杨贵妃入道图》

作了全面的论述。

当时王公大臣及儒生、道士等纷纷研究和注疏《道德经》《庄子》，据不完全统计，隋唐时代注疏笺解《道德经》的有近30家。

其他受老庄思想影响的理论著作也很多，如通玄先生的《体道论》、司马承祯的《坐忘论》等。特别是以成玄英、李荣为代表的崇玄学派，对当时和以后的道教理论发展产生了重大影响。

唐代对道教经籍继续加以收集和整理，于开元年间纂修成《三洞琼纲》，总计3744卷。唐玄宗天宝年间的748年，政府诏令传写《开元道藏》，以广流布。《开元道藏》是我国历史上的第一部道藏。

磬 一种石制乐器，我国最古老的民族乐器，它造型古朴，制作精美，形状大多呈上弧下直的不等边三角形。在远古时期的母系社会，磬曾经被称为"石"和"鸣球"。石磬是以坚硬的大理石或玉石制成，其次是青石和玉石。石磬大小厚薄各异，石质越坚硬，声音就越铿锵洪亮。

上善若水

道教历史与道教文化

■ 老子出关图

金丹术 我国古代炼丹术名词。指炼丹家选用某些矿物原料所炼制的丹药，又称"仙丹"。道教认为服食金丹以后可以使人成仙、长生不老。唐宋以后多指修炼内丹，即把人体作炉鼎，以体内的精、气作药物，用"神"烧炼。道教认为，使精、气、神凝聚，可结成圣胎，即可脱胎换骨而成仙。

道教科仪在唐代有较系统的发展。道教科仪在南朝陆修静时已初具规模，唐代道士张万福、张继先和唐末五代的杜光庭等对道教科仪、经戒法箓传授进行了系统的整理和增删，使其更加丰富和完备。特别是杜光庭所著的《道门科范大全集》87卷，将道教主要道派的斋醮科仪加以统一并使之规范化，集唐代道教斋醮科仪之大成。他所制定的道门科范，大多为后世道教所沿用。

唐代，内丹道已有较大的影响，相关著作相继问世。如崔希范的《入药镜》、吴筠的《南统大君内丹九章经》、陶植的《陶真人内丹赋》等。

唐末五代，道教内丹道已经盛行起来。这一时期倡导内丹道的著名人物为钟离权和吕洞宾。故将其所倡导的内丹修炼术，称为钟吕金丹道。后世道教全真派即尊钟、吕为祖师。

金丹道在唐代虽处于兴盛阶段，但不久便趋于衰败。由于服食金丹有副作用，促使金丹术由外丹向内丹转变。而内丹术的渊源可追溯到古代的神仙方术，其理论和实践日趋成熟。

在唐代，较大的道派是茅山宗，其次是楼观派，此外还有张天师道教流派的复兴。唐玄宗曾经令有关部门查证张天师子孙，将有封植，以隆真嗣，并册追祖天师张道陵为"太师"。

至中晚唐之时，茅山宗逐渐形成龙虎山天师道，即所谓龙虎宗。这一派在帝王扶植下迅速得到壮大，为宋元以后龙虎山天师道的兴盛奠定了基础。

楼观派是继北魏寇谦之的新天师道之后，在北方兴起的另一道派。唐初，唐高祖对楼观道就很器重，曾亲诣楼观，祭祀老子。唐高宗时授楼观道士尹文操银青光禄大夫，行太常少卿。

总之，隋唐时期的道教在各方面都获得了新的发展，随着教义和思想的转变，道教逐渐形成了儒、佛、道"三教合一"体制，并进行制度化的管理。

阅读链接

唐代帝王崇道，常常服食丹药以求长生。唐玄宗在大同殿安置真仙之像，每每夜深人静之时，在殿中焚香顶礼。派道士、中官设醮于天下名山，古人认为名山是仙人有可能往来、存身的地方。

唐玄宗还特好轻举之术，也就是轻身和隐身，在道士罗公远的指导下学习。罗公远以隐身术闻名并且运用自如，但他不肯将这招绝技全部授给唐玄宗。据说唐玄宗一心要学会隐身术，由于罗公远传授时有所保留，所以唐玄宗每次试行，不是衣带外露就是头脚没有隐好。

道教的重要思想源头

　　张道陵的五斗米道是我国本土宗教道教的最初形态，是华夏民族先贤们在出现农耕文明后慢慢形成的世界观。其中包括天、人、神、鬼思想的建立，以及追求得道成仙、宏法济人、无量度人的宗旨。

　　五斗米道最后发展形成道教后，其世界观远承夏、商、周文化思想的源流，更多的是源于先秦诸子百家。在夏、商、周三代文明的过程之中，已从尧、舜以来朴实的天文知识，渐次演变为理论的天文思想，从此建立了抽象的天文数学符号。

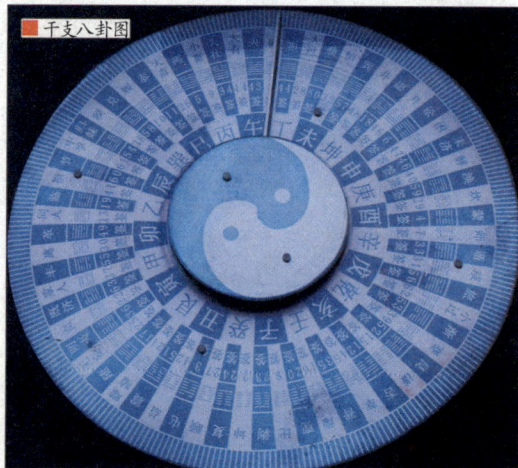
干支八卦图

　　在那时，十天干、十二地支，以及通过干支排比组成的六十甲子，更有五行、八卦，与干支配

■ 养生文化艺术画

合，附以天神的观念与名称，用来解释人事、物理等各种理论的法则，充满神秘的宗教意味。所有这些，都成为后来道家与道教所有学术思想的滥觞。

先秦时期诸子百家中的道家、儒家、墨家、阴阳家的思想及易学理论等，它们是成熟的道教最重要的思想源头。先秦时期虽然只有道家而无道教，但道教的思想萌芽早已潜伏在道家诸子的理论之内。

在先秦诸子百家中，道家思想是道教核心。道家创始人老子把"道"作为宇宙的本体，万物的规律，是超越时空的神秘"存在"，将"道"视为天地宇宙、阴阳五行、万物生灵的本源。道教就是以此为基点建立了道教神学理论体系，并且从宗教神秘主义的角度把"道"人格化，将老子看作"道"的化身。

道家注重修真养生，追求长生久视。其代表人物老子、庄子提出清静无为、见素抱朴、专气致柔、心斋坐忘、导引守一等修道养生方法，就是道家修真养生的思想的体现。

农耕文明 是人类历史上因特有的农耕文化而在经济发展、社会制度、精神和艺术等领域领先于人类发展的社会文化。在古代社会，农耕文明之所以能够引领社会发展方向，主要依赖于当时的农业社会，与其生产力和生产关系相适应。

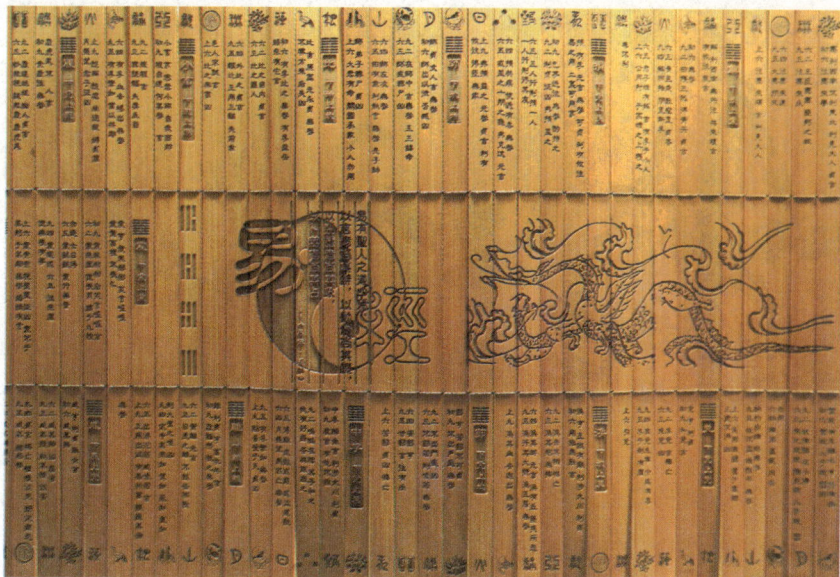

■ 竹简书《易经》

道家的养生思想和神秘主义所形成的修道成仙思想是道教的核心，后世的道教的教理教义和修炼方术，都围绕着这个核心展开。

在继承老子和庄子思想以及史前神鬼崇拜的基础之上，在战国时期，在齐国形成了以环渊、田骈、慎到为代表的"黄老学派"。这一学派尊崇黄帝和老子，以道家的清净养生、无为而治思想为主体，兼收并蓄诸子百家的一些内容，从而使得先秦时期道家思想更加丰富。

道教吸收孔子、孟子忠孝仁义的"三纲五常"思想，以此构成宗教道德观的主体，并将这种伦理道德与长生成仙思想结合，以神仙的威力驱使人们去践行道家理论。

道教的主要经典《太平经》提出了"天地君父师"的伦理体系，后来发展为影响深远的"天地君

黄老学派 产生于战国中期，是齐国稷下学宫的一个学派。黄老学派的代表作是《老子》《黄帝四经》等，学说的核心是"无为而治"、与民休息。西汉王朝主张黄老学派的学说作为治国的指导思想，将它运用到政治和法制实践中，并取得显著的成效。

亲师"世俗伦理规范。比如董仲舒宣扬"天人感应"、"阴阳灾异"、"天人合一"的神学思想以及随之而起的宣扬星象预言、经籍图箓、呼神劾鬼的谶纬神学等，均为道教所吸收。

道教也吸收了战国时期的墨家思想。墨家的创始人墨翟站在小生产者的立场上，提倡自食其力和互助互利。他的弟子及再传弟子所著的《墨子》一书，记录了墨翟言行，提倡尊天明鬼，重申了最高神天帝的意志和赏善罚恶的至上权威，借助上天来推行"兼爱""非攻"等政治主张；还将鬼的范围由"人死为鬼"扩大到天地山川鬼神，为道教祭祀天地亡灵提供了理论依据。墨家的这些思想也被《太平经》继承发展；墨家重视科学技术的精神，也被道教所继承。

阴阳学说对道教具有重要意义。阴阳概念在《易经》《道德经》中都有论述。五行概念最早见于《尚书·洪范》，其中阐释了金、木、水、火、土5种物质及属性。战国时期，阴阳家邹衍将阴阳与五行结合创立了阴阳五行学说，用来阐释道家的天道和儒家的人道，给五行赋予社会属性来，说明王朝更替的原因和趋势。

邹衍的思想被春秋战国时期的方士所吸取，作为神仙方术的理论基础。阴阳五行充满了神秘色彩，成为道教修炼法术的理论基础。

《太平经》又名《太平清领书》。是道教主要经典，以阴阳五行解释治国之道，宣扬散财救穷、自食其力。此书系东汉原始道教重要经典。原书分甲乙丙丁戊己庚辛壬癸10部，每部17卷，共170卷。今道藏本仅残存57卷，另有唐人闾丘方远节录的《太平经钞》10卷，敦煌遗书《太平经目录》1卷。

■ 墨子木雕像

道教还吸收了易学理论。伏羲氏、周文王推演总结的《易经》，为儒家"五经"之首，道家"三玄"之一。对《易经》所作的注释逐渐形成了一门学问，这就是易学。《易经》的内容和形式都为道教所吸收了。

道教将《易经》当做基础经典而深入探讨、演绎和应用。道教以《易经》中至高无上的"天"为模型来塑造最高神"天尊"，其玄学方术、符箓丹道、斋醮科仪都和《易经》密切相关。事实上，以易解道的理论实践贯穿于道教发展的全过程。

道教的产生还和诸子百家中的医家、兵家、法家、纵横家有渊源关系，纵横家祖师鬼谷子便被道教尊奉为上古真仙。

道教将诸子百家思想集于一身，最终整合成为道教哲学。诸如追求人类自身的和谐，人与自然的和谐，以及人与社会的和谐等。其"与世无争"、"道法自然"的理念对后世产生了深远而积极的影响。

阅读链接

黄老学派是先秦道家的一个派别。从内容上看，黄老之术继承、改造了老子关于"道"的思想，认为"道"是作为客观必然性而存在的。在社会政治领域，黄老之术认为君主应"无为而治"，即要求统治阶级尽量不要干涉人们的生活，不要好大喜功，劳民伤财。

黄老学派治世安邦的主张在汉初产生了一定的影响，促成了我国历史上"文景之治"的盛世。东汉时，黄老之术与新生的谶纬之说相结合，逐渐演变为自然长生之道，对道教的形成产生了很大影响。

早期道教的重要典籍

　　道教诞生于汉末，它是汉代社会的产物，是汉代思想文化的组成部分。在其发展的过程中，由于加入道教的人来自社会各个阶层，因而也将他们的思想意识带入道教之中，不仅出现了各个派别，也编纂

■ 道教典籍

■ 道教经书

上善若水

道教历史与道教文化

丹鼎派 又称"金丹道教"，是道教中最为重要的支派之一。丹鼎派是对道教中以炼金丹求仙为主的各道派的通称。最早是由古代的神仙家、方仙道发展而来的。丹鼎派早期理论著作为《周易参同契》。魏晋时期，丹鼎派进一步发展了金丹派神仙道教，并对其作了理论上的总结。

了一些道教早期的典籍。

东汉时期，在道教孕育形成的过程中，出现了一批由道教徒和神仙方士们制作的早期道教经书。包括《太平经》《老子河上公章句》《老子想尔注》《周易参同契》等。这些道教教义成为了解道教的重要资料。

道教的劝善书，使道教的伦理道德思想更系统化和通俗化，便于人们理解和接受。其中《太平经》约出于汉顺帝时，即126年至144年间，据说是琅琊人于吉在曲阳泉水上遇神人传授。

《太平经》是流传至今的最早的道教主要经典，堪为总纲，道教所有教派的建立及其典籍都是对《太平经》的阐释。它的主要思想，一是神秘的气化学说；二是三名同心的调和论，即主张君、臣、民协调共处；三是阴阳五行的灾异说；四是天人相通的修道成仙理论。

《太平经》的神仙系统，一为神人，二为真人，三为仙人，四为道人，五为圣人，六为贤人。它具有两个神学系统，即天地阴阳系统与神仙系统。这两者是平行关系，神人主天，真人主地，仙人主风雨，道人主教化吉凶，圣人主治百姓，贤人辅助圣人。

《周易参同契》是道教丹鼎派最早的理论著作。它的中心思想是运用提示的阴阳之道，参合黄老自然之理，讲述炉火炼丹之事，基本上是一部外丹经。其文字古奥难懂，其真义令人不易捉摸。

《老子想尔注》是进一步了解五斗米道教义和理论的重要资料。五斗米道与太平道最大的不同之处就是它非但没有遭到太平道那样的悲剧，反而在演变为天师道以后，成为道教的正宗。

在道教史上，东晋南北朝是重要的转折时期。此时期的道教由于门阀士族阶级的改造，经历了一番重大的变革，从早期的五斗米道，发展演变为完备成熟的宗教，从主要传播于民间的道教组织，上升为官方承认的正统宗教。

自东晋以来，佛、道两教兴盛，需要有大批的新的经典传播其教义。佛教的经典可以向印度求取，而道教只能改造前代的书籍以及借鉴佛教的经文。

东晋以后，新出的道经以《三皇经》《灵宝经》《上清经》这三组道经最为重要，即三洞真经。

《三皇经》在元代被焚毁，已失传。但在《道藏》的《洞神八帝妙精经》中，保留了不少《三皇经》的道法。其中共有92道符咒，这些符文代表某些天神地祇、仙官天将、五岳四渎之君、魂魄邪精的隐讳姓字。

《灵宝经》是由葛洪及其家族传播的一组道经。其中《灵宝五符序》3卷收录于

灵宝派 是道教教派之一。始创于东晋末年。在道教经典中，"灵宝"一词最早见于《太平经》，原为神灵宝贵之意。后来葛洪族孙葛巢甫附会引申，而创作《灵宝经》30余卷，并且列出一个上自元始天尊，下至葛玄及其后嗣的传经系统。至南朝宋时，陆修静"更加增修，立成仪轨，于是灵宝之教，大行于世"。

■ 神秘的道教文字符号

《道藏》中，内容为养生求仙，上卷为存思服气之术，中卷为服食草木药方，下卷为佩戴或吞服的符箓以及成仙之法。

以五行思想为基础，构造道教修炼方术，是东晋道教灵宝派诸经共同的特点。灵宝派的两个显著特点是：注重斋戒科教，劝善度人。

灵宝派的修炼方法主要是符箓，注重斋仪，同时又受上清派影响，也讲思神、诵经，对金丹、房中之术甚为轻视。从其重视符箓科教方面来看，它比上清派更接近于旧天师道，甚至有人认为《灵宝经》系由张道陵所著。但实际上它和旧天师道那种搞画符念咒以"驱鬼降魔"、"祈福禳灾"的方式并不完全相同。

由于灵宝派既吸收了旧天师道能够吸引群众的某些思想和宗教活动形式，又剔除了不符合信众愿望和要求的内容，在修持方法上也比上清派更简便易行，故能适合中上层人士的需求，发展很快。

道教上清派的开创人物魏华存、杨羲、许谧等，均系晋代高门士族出身，有较高的文化修养，与封建统治的上层人物有着密切的联系，属于士族知识分子，其中有些人本身即是封建王朝的官吏。

但东晋司马氏政权对江

■ 道教壁画

南士族始终抱有戒心，甚至持歧视态度，因此他们在政治上并不得意，于是他们便以老庄思想为精神寄托，并由此而信奉道教。他们加入道教，一是为了精神寄托；二是为了利用道教为封建统治服务。

江南士族权贵对原来道教贴近下层群众思想和教义感到不满，所以他们加入道教之后，便按自己的意志和爱好，对原来的旧天师道进行改造，使之更适应士族贵族的需要。他们组织创作了以《上清经》为主的许多关于道教教义的书籍。

在这些经典中，已经完全排除了早期道书中反映农民群众的愿望和要求的思想，在修炼方法上强调存思之法，着重个人修炼，因而为执政者所乐于接受和赞赏，这是他们不断壮大和发展的重要原因。

《上清经》的问世及传布，在道教内部开创了一个新的派别，即茅山上清派。陶弘景成为南朝上清派的代表人物。在《上清经》中，诸如金丹服食、导引行气、佩符投简、遁甲隐形、踏罡步斗、高奔日月、餐吸云霞、歌颂礼赞、召神伏魔、禁制虎狼等道术，应有尽有。

南宋前期著名的道士陆静修，为了适应当时门阀士族阶级的需要，对江南天师道组织进行整顿，并与神仙道教融合，成为南朝道教的一代宗师，也成为奉持三洞经典为特征的新道教的大师。

■ 道教法器三清铃

斋醮 亦称为斋醮科仪，为道教仪式。道士们身着金丝银线的道袍，手持各异的法器，吟唱着道教音乐的曲调，在坛场里翩翩起舞，犹如戏剧演出一样，这就是道教斋醮科仪，俗称"道场"，谓之"依科演教"，简称"科教"，也就是法事。目的是祭告神灵，祈求消灾赐福。

■ 陶弘景画像

上善若水

道教历史与道教文化

陆静修建立完善了道教斋醮仪式，创立了在道教史上有深远影响的道教典籍的分类方法，将道书分为三洞四辅共七大部类。三洞即洞真、洞玄、洞神，四辅即太玄、太平、太清和正一。

三洞四辅不仅是一种道书分类法，同时也包含着区分道经品级高低和排列道士阶级次序的功能。如修太清法仅能成仙，修灵宝者可以成真，修上清者可以成圣。

西晋女道士魏华存的《黄庭经》是道教上清派的重要经典，也被内丹家奉为内丹修炼的主要经典，属于洞玄部。传世的《黄庭经》有《黄庭内景玉经》《黄庭外景玉经》和《黄庭中景玉经》3种。

《黄庭经》是前代修炼养生经验的总结，又为后世的内修提供了基本理论和方法，被称为"寿世长生之妙典"。

《黄庭经》的经文都是七言韵文，主张"扶养性命守虚无，恬淡无为何思虑"，追求恬淡无为的修炼方式而达到长寿目的。修炼关键是男藏精，女藏胎，认为人以精为本，以气为根，使人"完坚"不丧，滋补元气，则老而可壮。

其修炼方法就是调息和存神，其调息法，就是"太和阴阳气"能通过运行，上达黄庭至丹田，再返归黄庭神守之。其"存神"方法，融合古道经和医经的五脏有神的说法，存思诸神，就可以通灵达神，洞

韵文 与散文相对。韵文是讲究格律的，甚至大多数要使用同韵母的字作句子结尾，以求押韵的文体或文章。包括了诗、赋、词、曲和有韵的颂、赞、箴、铭、哀、诔等。

观自然，养神炼气，乘云飞仙。

陶弘景曾经在句容的句曲山即茅山修道。他和他的弟子在茅山经营数十年，从而使茅山成为上清派的中心，故后世也称上清派为"茅山宗"。他编写的《真诰》一书，记录了茅山道教的传授历史。

由于学识和造就卓著，陶弘景得到朝野尊崇礼遇。他开创了融合道佛的先例，采取佛道双修的态度。由他编写的《真诰》首次系统地阐述了轮回转生和地狱的说法。

《真诰》既劝人修道成仙，又宣扬善恶报应，维护封建秩序和等级制度。其中的《甄命授》和《阐幽微》等篇，还出现类似佛教诫语和地狱托生之说，可见《真诰》融入了一些佛教思想观念。《真诰》全书内容庞杂，但书中所涉及的许多经书、大量道教人物和方术等，都是研究道教的一份重要历史资料。

陶弘景还编订了道教的神仙谱系。陶弘景编订的第一部道教神仙谱系称《真灵位业图》，包括天神、地祇、人鬼和诸多仙真，大约3000名，以7个等级排列。其中央的上下次序是：元始天尊，玉晨元皇大道，太极金阙帝君，太上老君，九宫尚书，定录真君中茅君，丰都中茅君。

陶弘景对于养生学、医药学和炼丹术也有很大贡献，主要体现在他的《养性延命录》中。

传播分化

早期道教

尚书　秦代及汉代初期与尚冠、尚衣、尚食、尚浴、尚席，并称"六尚"。汉武帝时，选拔尚书、中书、侍中组成中朝或称"内朝"，成为实际上的朝廷决策机关，因系近臣，地位渐高。和御史、史书令史等都是由太史选拔。隋以后尚书为六部长官。

■ 陶弘景艺术雕塑

道教乐器云锣

此书总结了东晋学者张湛对《养生集》《摄生论》《养生术》等著作编集整理的养生理论，保存了从先秦到两晋已失散的著作达32种。

其基本理论就是养神和炼形，养神就是要"游收虚静，息虑无为"，清心寡欲；炼形就是"饮食有节，起居有度"。

上清派的形成，标志着自葛洪以来，江南士族道教徒以神仙道教改造旧天师道团，创立官方化的正统道教的完成。

道教的这些重要典籍，是道教哲学思想的体现，源自我国原始宗教以及哲学思想。道教大量利用了道家哲学的理性论证，使道教思想中包含世界观、认识论、伦理学、人生论等丰富的哲学内容，这些内容是道教哲学的基本范围和构成成分。

阅读链接

道教经典《太平经》以宗教家的虔诚，将长生信仰和伦理教化紧密联系起来，标举"善自命长，恶自命短"。

书中讲述了一个积恶者的遗腹子的故事，这个遗腹子遭受孤苦，卖身为奴，后得天哀怜，才有长进。后来他便告诫自己的后代一定要为善。

这个故事形象生动地向世人表明：天神常在人边，赏罚分明，善者福报，恶者遭殃。因此，人们要一心为善，勿行游荡，治生有次，不取人财，无妄饮酒，勿信是非，认为凡此种种，即可构筑大寿之路。

五代时期，由于社会动乱，有识之士便产生了归隐山林，到道教中寻找精神寄托的思想。这种现象陡然扩大了道教队伍，其中有一些人还专修道教方术，以求在乱世中或生存自保，或救助贫弱。他们对道教在乱世中的维系与发展发挥了重要作用。

经过五代半个多世纪的探索，道教在北宋时走向成熟，不仅道学理论大兴，而且在道官制度建设、道教音乐创作及三教融合等方面大有进步。

在宋代道教成果的基础上，金元之际产生了很多新道教，尤其是全真道的出现，与南方正一道形成了南北双兴的格局。

发展变革

道教宗派

五代道教的维系与发展

　　唐末五代的社会动乱，给道教世界又增添了两类人：一类人是仕途无望，归隐山林，在道教中寻找寄托，或是辞官不做，寻求清净，如罗隐之、郑云叟等；另有一类人是专修道教方术，以求在乱世中或生存自保，或救助贫弱。

吕洞宾画像

　　唐末五代出现的这两类追随道教的人物，施舍道徒，兴建宫观，收集散失的道书，宣讲道经，等等。对当时道教的维系和发展起了一定的推动作用。

　　如前蜀王建、王衍父子崇信道教，推崇杜光庭，称为"天师"；后蜀孟昶好金丹；南唐李昇为茅山第十九代宗师王栖霞建玄真观，并赐印、绶，称为"玄博大师"。

这一时期，道教在各个地方割据政权的范围内都有传播。道士或遁迹山林，或隐于闹市，皆由出世转为入世，由追求成仙转而济世度人，以拯救现实的苦难为己任，从而把儒家和佛教的某些修持方法和救世理想吸收到道教中来。

这一时期，著名的道士有吕洞宾、李浩、谭峭、彭晓、谭紫霞等，他们致力于道教的理论、方术方面的研究和建设，使低潮中的五代道教仍向前迈进。其中对后世影响较大的有吕洞宾、谭峭和彭晓。

■吕洞宾木雕

吕洞宾，姓吕名岩，字洞宾，自号纯阳子，唐末五代时期人。吕洞宾自幼好读，通晓百家，但三举进士不第。46岁那年，他又去长安应考，在酒肆中遇见上天仙使钟离权。钟离权施展道术让他做了一个建功树名、出将入相、封妻荫子的美梦，醒后方知功名利禄均为梦幻，遂大彻大悟，拜钟离权为师，赴终南山中修道。其后遍游山水，传道度人，53岁归宗庐山，64岁上朝元始、玉皇，赐号纯阳子。

吕洞宾云游四方，为百姓解除疾病。他一生乐善好施，扶危济困，深得百姓敬仰。他飞升后，家乡百姓为他修建了"吕公祠"，以示纪念。

方术 道术前身，有两种意思，一是指关于治道的方法。《庄子·天下》中说道："天下之治方术者多矣。"二是指中国古代用自然的变异现象和阴阳五行之说来推测、解释人和国家的吉凶祸福、气数命运的医卜星相、遁甲、堪舆和神仙之术等科学技术的总称。

吕洞宾本是一个名不见经传的普通人物，但在民间长期流传中，其传奇故事却像雪球的滚动一般，故事越来越丰富，最终成为一个家喻户晓的神仙。

南宋初人吴曾所撰的《能改斋漫录》卷18中，记有吕祖自传。据说吕洞宾曾自言：

一断无明烦恼，二断无明嗔怒，三断无明贪欲。

唐宋以来，吕洞宾与铁拐李、汉钟离、蓝采和、张果老、何仙姑、韩湘子、曹国舅并称"道教八仙"。在民间信仰中，他是八仙中最著名、民间传说最多的一位。

■ 吕洞宾塑像

谭峭，字景升，泉州人。据说著名道士陈抟曾言与他为师友。史称谭峭幼而聪明，长大后广涉经史，博闻强记，问则无所不知，文则清新华美。好黄老之学，精心研究，立志修道。

谭峭见多识广，学识渊博，曾于终南山著《化书》8卷，分道、术、德、仁、食、俭六化，计110篇。其内容主旨是以老庄思想为本，又兼容儒家学说。全书在内容上，基本发挥了老庄学说，并把一切皆化的自然观和小农平均主义理想的社会观作为主轴进行论述，其中兼有一些天文地理方面的知识，涉及内容很广泛。

在思想内容上，《化书》中具有同情人民的社会观与历史观；既对传统道教思想加以继承，又对其有所阐发，对后世的内丹学、宋明理学等方面影响深远，在我国思想史上占有重要的地位。

《化书》后来作为道教重要典籍之一而被收入道教图书总汇《道藏》之中。后人评价谭峭的《化书》是唐宋时期道教典籍中最有独创性的著作。

彭晓，字秀川，自号真一子。曾在后蜀担任过朝散郎、守尚书祠部员外郎的官职，受赐紫金鱼袋。彭晓好道，善于修炼养生之术。《道藏·太玄部》收有他所作的《周易参同契分章通真义》3卷和《周易参同契鼎器歌明镜图》1卷。

五代以后，人们对道教的追求则较多地带有实用的目的，内儒外道的道士无形中使道教渗入了更多的儒家思想。这种结果造成的影响，为南宋道教全真派的形成准备了条件。其神仙思想也影响到道教金丹思想，促进了向内丹转化的过程。

阅读链接

在古代社会，最能投皇帝所好的东西，莫过于可以使人"长生不老"的"金丹"了。炼丹术迎合帝王的特殊需求，受到历代皇帝的青睐。

五代十国时期，政权更迭，朝秦暮楚。立王称帝者仍不忘求仙炼丹。例如：后蜀孟昶学金丹口诀，向道人程晓垂问长生之法；燕王父子召请道士，"合仙丹，讲求法要"；东南闽王，为"求大还丹"，筑道台极"土木之盛"；后周世宗请来著名道士陈抟，询问"修养之事"等。这些帝王也就成了那些自称可炼制长生不老药的炼丹家们的最大顾主。

宋代道学与道教的发展

由于五代时期社会战乱，一些不愿出仕为官的儒生和失意的官僚往往以黄老思想作为安身立命的精神支柱。因而北宋初年，黄老道家思想在社会上的传播相当广泛。不仅出现了张伯端、陈抟等一批著名的隐士和道士，而且宋太宗及其重臣吕端、吕蒙正、李琪、李昉等也是黄老道家思想的信奉者。

为了安定社会，巩固政权，北宋皇室在社会上极力推崇黄老之道，把黄老思想既作为政治思想，又作为宗教思想。从1008年开始，宋真宗就开始大力推崇道教。

在当时，北边的辽兵大军压境，宋真宗被迫与辽国订立"澶渊之盟"。从此，主和派导引朝纲，宋真

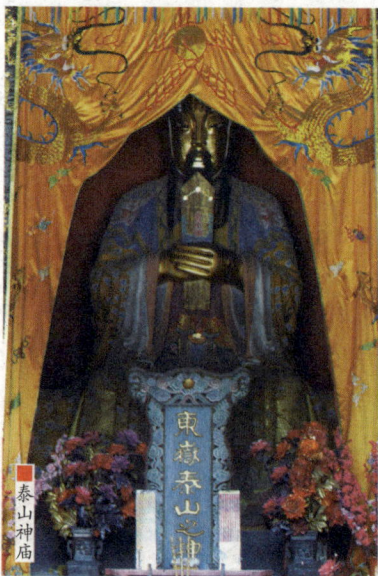

宗也转而希求神灵保护大宋王朝，尊黄帝为赵氏始祖，封老子为"混元上德皇帝"，尊玉皇为"太上开天执符御历含真体道玉皇大帝"，大肆祭祀，封禅泰山。

据史籍记载，1009年，宋真宗设立左右道录院，掌管全国道教事务，如神像科仪制度、道门威仪及州郡天庆观住持人选等。道录院隶属于主掌礼仪的鸿胪寺。

宋徽宗尊崇道教始于政和年间。当时编成的《政和万寿道藏》，是我国第一部全部刊行的《道藏》。他下令编写的"道史"和"仙史"，也是我国历史上规模最大的道教史和道教神化人物传记。

宋徽宗还亲自作《御注道德经》《御注冲虚至德真经》和《南华真经逍遥游指归》等书，使我国道经研究有了较为完备的资料。

1117年2月，宋徽宗称天神青华帝君下降宣和殿，又夜梦老君谕曰："汝以宿命，当兴吾教。"当时的道士林灵素宣谕，说宋徽宗为神霄玉清王下凡，左右近臣及宠妃皆是神仙下凡。

随后，宋徽宗授意道录院册封他为"教主道君皇帝"，使他成为人君国主、天界尊神、道教教主三位

■龙王塑像

吕端（935—1000），字易直，北宋幽州安次人，位于现在的廊坊安次区。北宋宰相。吕端仪表俊秀，处事宽厚忠恕，善交朋友，讲义气，轻钱财，好布施。他处事理政才华出众，逐渐为宋太宗所喜爱和重用。宋太宗曾经根据自己多年体察评价说："端小事糊涂，大事不糊涂。"

上善若水

道教历史与道教文化

■ 城隍神像

岳渎 是五岳和四
渎的并称。五岳
是我国五大名山
的总称,即山东
的东岳泰山、湖
南的南岳衡山、
陕西的西岳华
山、山西的北岳
恒山、河南的中
岳嵩山。它们是
古代道家名山。
四渎指长江、黄
河、淮河、济水,
为我国民间信仰
的河神的代表。

一体的皇帝。同时加封山神、龙神、城隍、岳渎等民
间祭祀之神,并在全国各地增建、扩建道教宫观。从
而把道教变成了国教。

道教历来认为宇宙是大天地,人体是与之相应的
小天地。天地自然的形象、变化与人体生理机制的形
态、性情变化是相似、相应、相通的。当模拟自然的
外丹金石术在实践中失败后,道士们则转变为模拟自
然的内丹道。钟离权、吕洞宾被道教奉为内丹始祖。

南宋著名道士李简易《玉溪子丹经指要》卷首载
《混元仙派图》,列出钟离权、吕洞宾等人的传承谱
系有80余人,其中第四代传人是两宋时期内丹道最重
要的人物张伯端、陈抟。

张伯端,原名用成,字平叔,号紫阳。天台人。
宗承钟离权、吕洞宾派内丹说,主张一己清修。著有

《悟真篇》《金丹四百字》《玉清金笥青华秘文金宝内炼丹诀》等。其学术思想，始则以儒入道，倡以道教内丹为中心的三教归一论，继而又出道入禅，以禅宗性学为宗旨，最终形成了道禅融合、先命后性，以求得无生空寂、神通妙用境界为归宿的独具特色的内丹南宗派。

陈抟，字图南，自号扶摇子，赐号希夷先生。亳州人。少年时，喜欢研读《易经》，精通诗、书、方药、数术诸学。在仕途受挫后，开始访道求仙，后隐居华山，专炼内丹术。

陈抟将《易》《道德经》《庄子》《参同契》等道家、道教学说与道教炼养术结合，借易理、道家思想以建立其模拟自然的修炼理论，并绘制成图，名曰《无极图》，开创图学，以阐述道教修炼术。

陈抟丹法中强调无欲主静的观念。清静无为，顺其自然，无增无损，修心养性，成为其内丹修炼的核心。他认为：

动而生阳，静而生阴。生阴之静，非真静也，是动中舒缓处耳，亦动也。是以生生不息，变化万殊。万殊既成，吉凶出焉。圣人作《易》，所以指吉凶，推变化。要之必以守贞为主。故《易》者，戒动之书也。

南宗派 世界道教主流全真道的重要派别。创始于北宋张伯端，流传于南方广大地区。该派以"先命后性"修炼方式著称。其代表人物多出自南方，故名南宗，又称紫阳派、天台宗。南宗"性命双修"继承我国传统隐逸仙学，大都隐居山林清修。自元代中期开始，渐与北宗融合。元末，两宗统归全真道。

083

发展变革

道教宗派

■ 陈抟头像

■ 道教太极图画像

上善若水

道教历史与道教文化

朱熹（1130—1200），南宋著名的理学家、思想家、哲学家、教育家、诗人、闽学派的代表人物，世称朱子，是孔子、孟子以来最杰出的弘扬儒学的大师。他创立了宋代研究哲理的学风，称为理学。他的一生志在树立理学，使之成为统治思想。但因理学初出，影响不深。同时，朱熹在官场上因品性耿直而得罪权臣，致使晚年落得一个悲剧的结局。

在陈抟看来，能做到心斋坐忘，冥心凝神，就可以忘乎一切，入于不死永生的境界，与道合一，与天地万物一体，复归于本原。这正是道家哲学、道教思想以及陈抟内丹道所共同追求的境界。

陈抟《无极图》问世以后，产生了巨大影响。北宋理学派开山鼻祖周敦颐在陈抟《无极图》的基础上，创制了《太极图》以及《太极图说》，采纳了道家和道教思想中的"无极"概念和"无欲故静"的命题来修订和丰富了原有思想体系中的宇宙论和伦理学。

有内圣外王之誉的北宋哲学家、易学家邵雍继承陈抟《无极图》，并推演弘大"心法"，创立了一套完整的象数体系，概括宇宙间的一切命题。直至南宋，著名理学家朱熹集周、邵氏之学为一体，成为两宋道学集大成者。为道学的形成和发展建立了一个比较合理而相当完备的宇宙起源说。

陈抟在道教发展史上是个重要的人物，他的《无极图》也产生了巨大影响。

正如后来的明末清初学者黄宗炎在《太极图辨》中所说：

图学从来，出于图南，则道家者流，杂以大易，遂使天下靡然称为易老。

黄宗炎在《太极图辨》中记述了陈抟《无极图》的模式，以图解的方式将内丹修炼的过程分为得窍、炼己、和合、得药、脱胎五个阶段。在阐述性命双修法中，又分为守玄牝、炼精化气、炼气化神、五气朝元、取坎填离、炼神还虚等若干步骤。

除了道学方面的建树外，宋代也是我国历史上道官制度发展的高潮时期。经过六朝以及隋唐近5个世纪的不断完善，宋代道官制度已趋于成熟。政和年间的1114年，宋徽宗下诏：

北宋理学　北宋周敦颐为宋代理学的开山祖，他将道家无为思想和儒家中庸思想加以融合，阐述了理学的基本概念与思想体系。因理学家主要讨论的内容为义理、性命之学，故称为理学。是融合佛、儒、道三教三位一体的思想体系。

诸路监司，每路通选宫观道士十人，遣发上京，赴左右街道录院讲习科道声赞规仪，候习熟遣还本处。

■ 陈抟画像

宋代设有三级道官机构管理道教事务。第一级是京师道录院。由道士担任各机构的道官。在京师道录院供职者，如熙宁年间的右街副道录陈景元以及宋光宗时的左街道录留用光等，都是当时著名的道教学者，对道教教义的发展做出了巨大的贡献。

第二级是地方道正司。地方分路、州和县三级，其中的州或称府、监、军。政府在诸州监军设通判、都道正、都监等道官，管理本

上善若水

道教历史与道教文化

■ 道教平安符

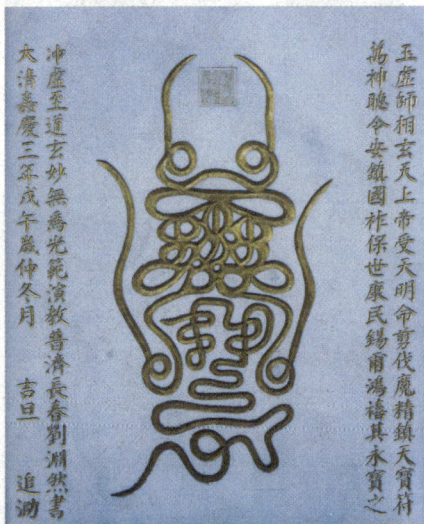

地区道门公事。

第三级是基层宫观。宫观道官的称谓有知宫观事、观主、都监、住持等。

宋代政府建立了完备的道官管理机构，奠定了后世道官制度的总体格局。

宋徽宗又下令各地州县，仿照儒学的形式，设立道学。当时学道之士，允许入州县学教养，所习经以《黄帝内经》《道德经》为大经，《庄子》《列子》为小经外，兼通儒书，合为一道。大经《周易》、小经《孟子》。

初入道者称道徒，每年进行考试，根据成绩，分别授以元士、高士、大士、上士、良士、方士、居士、隐士、逸士、老士等名号。这些名称相当于官品的五品到九品。不久又于诸州添置道学博士。

又依儒学的贡士法，学道之士亦可通过考试为贡士，到京师入辟雍或太学学习，并可每三年参加大比，殿试合格者则授予各种名号，并授以道官道职。道官中最高的称"金门羽客"，可以佩带金牌，出入宫禁。由于宋徽宗的崇道，道士频频获得殊荣。

宋代也是道教音乐发展的一个重要时期，宋太宗、宋真宗、宋徽宗分别编写道教音乐，多达数十首，如《散花词》《白鹤赞》《玉清乐》《太清乐》等。特别是宋徽宗好道，重用道士林灵素修改、增补道教斋醮仪式，颁《金箓灵宝道场仪轨》426部，并选全国宫观道士进京学习道教音乐。

我国现存最早的一部道教音乐总集《玉音法事》，即是在北宋时编纂的，它以曲线记谱的方法收录了南北朝、隋唐以来的词章和宋真宗、宋徽宗所制的赞颂50首。曲线记谱在《汉书·艺文志》中称"声曲折"，似一唱三叹，衬词较多，具有南曲风格。此时，丝弦乐已加入道教音乐的行列，道教音乐的伴奏乐器日趋完备。

琉璃道士像

南宋时，道教音乐在民间广泛流传。当时的道教音乐，对于声乐形式和器乐形式的运用，已经比较讲究悦耳动听。

总而论之，道教在宋代逐渐走向成熟，有一种能够吸引人们进行追求的宗教信仰目标，最终形成了自己的一套道学理论，营造出一个十分复杂的道学文化体系。

阅读链接

宋徽宗推崇道教，大建宫观，自称教主道君皇帝，并经常请道士看相算命。他的生日是5月5日，道士认为不吉利，他就改称10月10日；他的生肖为狗，为此下令禁止汴京城内屠狗。

俗语道"十道九医"，这是因为道教涉及医学养生方面的诸多知识。在北宋时期相当长的时间内，道教扮演了地方医疗机构的角色。宋徽宗在地方上大建宫观，他的一个想法就是把当时的道教医疗普及。这是他作为道君皇帝的惠政之一。

金元之际新道教的产生

　　金代是女真族建立的。女真族原来居住在长白山和黑龙江流域，以渔猎为生，同时也从事农业。1115年，金太祖完颜阿骨打即皇帝位，正式建立金政权，国号大金。金执政者一面进行政治制度和经济制度的改革，一面大力倡导加强女真族与汉族彼此间的文化交流，促

南极仙翁鹿鹤雕塑

进民族间融合。他们还大力提倡尊孔读经，兴办学校，以科举取士，让大批汉族士人担任朝廷的重要官职。

在当时，也有一些汉族士人既不愿在皇朝做官、在政治上与金执政者合作，又不去参加抗金斗争，而是走上了逃离现实、隐遁世外的道路。

在这种背景下，在山东、河北一带的汉族士人先后创立了新的道派，如萧抱珍创立的太一道，刘德仁创立的真大道教，王喆创立的全真道等，都受到了一些为官的汉族士人的拥护和向往，随之纷纷加入。

■ 道观里的铜香炉

这些新道派既是一种宗教团体，也是一些做官的汉族士人相互联络的组织，一经建立，便得到了迅速的发展，从而引起金朝执政者的关注。为了争取为官的汉族士人的支持，金执政者便对这些道派的首要人物加以笼络，对他们表示亲善，并对他们所代表的道派给予扶植。

太一道，或称太一教，创始于金熙宗天眷初年，创始人萧抱珍是卫州人。据《元史·释老传》称：

太一教者，始金天眷中道士萧抱珍，传太一三元法箓之术，因名其教曰"太一"。

太一道以老子之学修身，以巫祝之术御世，也

女真族 又名女贞、女直，我国古代生活于东北地区的古老民族，现今满族、赫哲族、鄂伦春族等的前身。17世纪初建州女真部逐渐强大，其首领努尔哈赤统一了女真诸部，1616年建立后金政权，至1636年，皇太极改女真族号为满洲，女真一词就此停止使用，后来满洲人又容纳了少数的蒙古族、汉族等民族，逐渐形成了今天的满族。

■ 道教雕刻屏风

法箓 道教用以记录有关天官功曹、十方神仙名属，召役神吏，施行法术的牒文。它是道教教法中的重要部分，因此，又称作法箓。法箓牒文中一般必有相关的符图，道教经典中有时又统称符箓。它是道士法师辅正驱邪、治病救人、助国禳灾的主要手段。符箓的传授，也成为道教三洞各部的重要内容。

以符箓济人治病、祈禳避灾。卫州的太一广福万寿宫内有"法水井"，人称"太一泉"，据称饮之可治病。太一教道士出家，嗣教需受法箓秘物。

太一道创立后，于天眷初即"远迩响风，受箓为门徒者，岁无虑千数"。其后，太一道弟子侯元仙又在赵州及真定的家中，各建太一堂，奉持香火，以符药济人，将太一道传至河北赵县、正定一带。

金皇统年间，金熙宗闻萧抱珍之名，召之赴阙相见，并赐萧抱珍所居庵名为"太一万寿观"。太一教师承较严，1166年，萧抱珍去世，曾留下遗嘱，其后"非萧姓入教者，均须将姓改为萧"。至元宪宗时，追赠萧抱珍为"太一一悟真人"。

太一道二祖萧道熙，字光远，本姓韩氏，其先祖为汴州即今河南开封人，后来徙居卫州。金正隆年间，韩氏举族修太一教，遂改姓萧，为二代祖。1169年，金世宗敕在观内建立"万寿"额碑。太一道教声大振，门徒增盛，达数万人之多，其流布区域，东达于沿海地区。

太一道第三祖萧道冲本姓王，讳志冲，字用道，山东博州堂邑人，其祖与父都受太一法箓。萧道冲自幼颖悟，16岁那年，他不同意父亲为自己议婚，拜二代师萧道熙为师。

金泰和年间，萧道冲因设醮祈皇嗣及依科作醮驱蝗，取得显著效果，金章宗诏赐号"元通大师"。一时徒众甚多，令弟子萧辅道嗣教，自己不再打理教务。

以上三祖皆在金代。至四祖萧辅道，始由金入元。萧辅道字公弼，号东瀛子，卫州人。太一道初祖萧抱珍之再从孙。

元兵攻占燕京，金都南迁开封。1214年春，元兵分道而南，卫州被围，三日城破。当时萧辅道见城郭为墟，民遭战火，很是哀痛。于是倾其所有，招敛遗骸，于城西北掘3个大坑，堆埋成丘，设坛祈祷、祭奠。人称"堆金冢"，全城人均去祭奠，于是萧辅道声名大振。

为了给太一道的恢复和发展做准备，1234年后，萧辅道在其弟子张善渊、张居岭等的辅助下，费时将近十载，修复被战火焚毁的祖庭汲县太一万寿观。

元世祖忽必烈在即位前，很重视收罗人才，闻萧辅道之名，于1246年以安车征之。忽必烈与萧辅道雍容问答，誉萧辅道如梁之陶弘景和唐之司马承祯，赐号"太一中和仁靖真人"。

仙人乘鹤画

■ 道教八卦牌

上善若水

道教历史与道教文化

六丁　道教认为，六丁神是：丁卯、丁丑、丁亥、丁酉、丁未、丁巳，都是阴神玉女，为天帝役使。道教称若心存六丁玉女，意注六丁神符，即可令房宅清洁，五毒不近，灾难不生，又可求仙得仙，求官得官，万事如意。道士斋醮作法时，常用符箓召请他们"祈禳驱鬼"，在道教宫观中，他们被置于真武大帝的两旁，作为护法神将。

这次召见，说明太一道已获得元皇室的承认，为其在元代的发展开辟了道路。至元年间，忽必烈再次召见萧辅道，并下诏追封"太一道初祖萧抱珍真人"号，升太一万寿观为太一广福万寿宫。

继萧辅道掌太一道的是五祖萧居寿。萧居寿本姓李，讳居寿，字伯仁，道号淳然子。萧居寿掌教期间，所受元室的尊宠超过萧辅道。1259年，忽必烈南巡，曾亲临汲县太一万寿宫，遍观各个殿庑。1260年秋特赐"太一演化贞常真人"号。

后来，忽必烈还赐太一掌教宗师印，又在两京为之建太一广福万寿宫，每年给道众粟帛。元世祖有时还采纳萧居寿在政治上的进言。

两京太一万寿宫的兴建，标志着太一道的首脑机关由汲县迁至京城，对太一道的发展十分有利。而且根据元世祖的命令，禋祀太一六丁神。元世祖又在萧居寿的请求下，封赠其先祖及若干徒众。

继萧居寿之后掌太一道者为萧全岭，是为第六祖。据《演化真常真人行状》中称，萧全岭曾受封观妙大师，他临终时受命嗣主法席，后加封"承化纯一真人"。在当时，朝廷中有人奏请赐顺州的土地260余万平方米和宛平栗林给太一道，以作太一道之恒产。萧全岭在1296年于其地建太一集仙观一所。

在萧天岭掌教期间，太一道和全真道的关系已十分密切，萧全岭虽掌太一道教务，而六丁之祠却交由全真教真人统一安排了。经过与全真派的进一步交融，最后在组织上也并入全真教。

真大道创始人刘德仁是沧州乐陵人，1142年开始传道。初名大道教，元宪宗时赐名"真大道教"。刘德仁根据《道德经》义，为真大道教订规戒9条：

一曰视物犹己，勿萌戕害凶嗔之心；二曰忠于君，孝于亲，诚于人，辞无绮语，口无恶声；三曰除邪淫，守清静；四曰远势利，安贱贫，力耕而食，量入为用；五曰毋事博弈，毋习盗窃；六曰毋饮酒茹荤，衣食取足，毋为骄盈；七曰虚心而弱志，和光而同尘；八曰毋恃强梁，谦尊而光；九曰知足不辱，知止不殆，学者宜世守之。

■ 道观牌坊

大都 即元大都。突厥语称为"汗八里"，意为"大汗之居处"。自元世祖忽必烈至元年间的1267年至元顺帝至正年间的1368年，为元代国都。其城址位于今北京市区，北至元大都土城遗址，南至长安街，东西至二环路。忽必烈在燕京旧址上始建大都，此后元代各帝陆续又有增建，但对其总体布局没有变动。

■ 高耸的道观石阶

这是糅合老子、儒家、佛教思想为一体的立教宗旨。可见该教颇重视清静自守，救民利物，以恬淡寡欲、苦节危行律己，以慈悲宽仁、恤苦救贫对人，又不强调个人的炼养飞升，但以治病救人为务。这在当时战乱频仍、群众生活十分困苦的情况下，的确是很受欢迎的。

1174年后，刘德仁应诏居金中都即北京天长观，又把真大道教传播至大兴及其周围。三祖张信真掌教时，其弟子邢希德即在平谷建延祥观，举师赵希元又在房山建灵泉观。可见终金之世，大道教的传播仅限于金中都及周边，不出河北、山东地区。

刘德仁行教38年，住世59载，于1180年去世。此后，继任掌教者为：二祖陈师正，三祖张信真，四祖毛希琮。

真大道教在长期的掌教传承中，逐渐形成了一套比较完整的从中央到地方的领导体制。

■ 修炼功夫的道士

到了元代，首脑机关设在大都即后来的北京天宝宫，为历代掌教所居之地，设诸路真大道教都提点，教门都举正等以辅助掌教工作。其下据元代的行政区划设立各级地方组织。

第一级，行省设提点都举正。如王清贵曾任河南江北、陕西、四川等处都举正提点。第二级，各路设道录、道判。如陈德元曾任大都路道录，赵德松曾任汴梁路道录，郑进元曾任卫辉路道录等。

第三级，州设道正、举师。如《隆阳宫碑阴》记有涿州道正，固安州道正，雄州道正，易州道正，顺州举师，易州举师等。第四级，县设威仪。如《隆阳宫碑阴》所记房山县威仪黄德元等。最基层为宫观，设提点、提举、知观。

金、元之交，真大道教内部分裂为玉虚宫和天宝宫两派，各自进行传法。玉虚宫一派传法的时间较

儒家 又称儒学、儒家学说，或称为儒教，是以奉信孔子为先师，以"儒"为共同认可符号，各种与此相关或声称与此相关的思想道德准则，是中华文明最广泛的信仰构成。春秋战国时期，孔子在鲁国讲学，以"诗、书、礼、乐、易、春秋"之六经为经典，奠定了儒家的最早起源。

■青瓷道士像

短，只传了李希安、刘有明、杜福春三代，此后未见有任何记载。

天宝宫派的传法较玉虚宫派为长。其五祖郦希成掌教以后，受到元皇室支持，元宪宗曾封他为太玄广惠真人。在他掌教期间，组织有所发展，由原来河北、山东，发展到河南许州即后来河南许昌一带。

真大道教发展以后，郦希成特请元皇室批准他将"大道教"改名为"真大道"，以示正统。

郦希成掌教36年，后将传法给六祖通玄大师孙德福，是为第六祖。孙德福再传法给李德和，是为第七祖。李德和掌教时，真大道又传到了陕西。以上3代皆处在与玉虚宫派相对峙的时期。

继李德和之后掌教的为第八祖岳德文，始合玉虚宫、天宝宫两派而为一。但在岳德文之后，真大道内又出现了波折。

岳德文于1299年去世前，将教事付与张清志，作为九祖，但张清志潜遁山西临汾，后又返华山归隐，并没有接替掌教。此后，相继由赵真人、赵德松、郑进元摄掌教事。后来，徒众根据郑进元临终时的嘱咐，去华山请回张清志，仍举其为九祖。

张清志掌教后的第一件事是废除教内的刑罚。他平时自奉简朴，深居简出，人或不识其面，著书以名其学。贵人达官来见，遂告病卧于内室。他这种淡泊清高的作风，与当时各派首领居则宫室、出则华冠艳服、日与贵官相往来的作风，形成鲜明对比。因此得到吴澄等文人学士的称赞和敬仰。

张清志掌教，历元武宗、元仁宗、元英宗至元泰定帝，深受尊崇，授以演教大宗师、凝神冲妙元应真人，统辖诸路真大道教事。其所居大都天宝宫，"日食数千石"，其盛况可见一斑。此后不久，真大道即归并入全真道。

全真道创立于金代初年，创始人是王喆。王喆原名中孚，字允清，道号重阳子，又称王重阳，陕西咸阳大魏村人。47岁时弃家修道，于终南山南时村挖洞而居，自称"活死人墓"。其内则修炼金丹，外则佯狂装疯，自号"王害风"。

1167年，王喆东出潼关，赴山东半岛，立教"全真"。他招收了马钰、谭处端、刘处玄、丘处机、王处一、郝大通、孙不二七大弟子。全真教很快在山东发展起来。两年后，王喆率马钰、谭处端、刘处玄、丘处机四大弟子回陕西时，逝于途中。

玉雕道士像

全真教创教初期，教风刻苦简朴。弟子大多乞食为生，不建宫观，在山野市井修炼、传教。全真道主张先性后命，修炼时先收心，达到一念不生，这叫"明心见性"。然后调整呼吸，按顺序炼精化气、炼气化神、炼神还虚。

全真道的内丹学说认为，人心具有"真性"，它又叫元神、元性、真心等，是不生不灭、不变化的。成仙的根据就建立在它上面。

王喆在《金关玉锁诀》中，描绘了由元神炼化到达最高阶段时，便有"阳神"出窍而飞

■ 黄袍道士陶像

万春节 是大定年间庆祝金代皇帝诞辰的节日。"春"在字义上有"年"和"岁"的意思，"万春"可以视作"万寿"的同义词。根据《大金集礼》卷23记载，金世宗"御前批礼三月一日为万春节"，将皇帝诞辰的节日定名为"万春节"，而非沿用金较早时的名称"万寿节"，这个名称一直沿用至金世宗去世。

升仙界的境况。全真道士解释教名"全真"，说就是保全"真性"的意思。也有人说，全真道的宗旨要求个人内修的"真功"与救济社会的"真行"相结合。真功，就是所谓"明心见性"、"除情去欲"之类；真行，就是所谓"忍耻含垢，苦己利人"之类。二者双全，就叫全真。

王喆之后，刘处玄、丘处机先后掌教，以山东半岛为中心进一步发展全真教。经过前后20余年的发展，全真教在鲁豫秦冀等地已有了相当深厚的基础，上闻于金廷。

1187年，刘处玄被召至京都，金世宗亲问养生之道。次年，又召丘处机进京，命庵于万宁宫之西，以便皇帝召见问道，并命他主持万春节醮事。

元一统后，南北文化渐趋融合，全真道渡江南传。江南名画家黄子久，即为全真道士，居苏杭授徒传教。元初江南全真道最大的活动点是湖北武当山。鲁大宥、江贞常等道士于元初入山传全真道，修复宫观，徒众颇多。李道纯原为南宗玉蟾门下王金蟾之徒，居真州长生观，入元后自称全真道士，撰有《全真集玄密要》《中和集》等，为元初内丹大家。

李钰、赵友钦师徒活动于江西、江苏一带，其徒陈致虚遍游夜郎、邛水、沅芷、辰阳、荆南、二鄂、长江、庐阜、江之东西，授徒百余人。

其所撰《金丹大要》为元代内丹名著。至此，全真道遍传南北，盛大至极，其势力足以与当时渐联合为正一大派的符箓诸派相匹敌。

任何一个教派若要兴旺发达，离开执政者的支持谈何容易。金元之际的新道教，也都因为"名动公卿"而走入庙堂，原因即在于此。尤其是全真教，因元皇室的大力支持而誉满天下。

1269年，忽必烈诏封全真道所尊东华帝君王玄甫，以及钟离权、吕洞宾、刘海蟾、王喆五祖为"真君"，后人称"北五祖"；册封王喆七大弟子为"真人"，世称"七真"。除了这些较大的符箓派系以外，宋元时期还有很多的符箓小派。各派之间相互融合吸收，区别逐渐缩小，后来汇入正一道。

金元之际，是道教发展史上又一重大转折时期，逐步形成了全真、正一两大道派各据一方的格局，为明清乃至近当代道教的发展、教派的地理分布等奠定了基础。

直到今天，仍然是正一道主要分布江南，全真道占据北方的格局。比较起来，全真道分布更为广泛，在南方的不少地方也建立起全真宫观，这一格局在明清时期最终完成后，道教深入民间并产生了更为广泛的影响。

阅读链接

王喆自幼便慷慨好义，不拘小节。少年的王喆，是一个学识渊博的人，由于博览群书，他在20岁左右，便中进士，很有文名，而且任侠重义，豪气凌云，堪称文武全才的一个人物。

宋室南迁后，王喆创教立宗，以保持汉文化精神在宗教社会之中。据说他所遇的师父，是吕纯阳的化身，命他向东去创教，又吩咐他密语，他临死又吩咐马丹阳密语，其内容成为道教秘史。

蒙古汗国时期的全真道

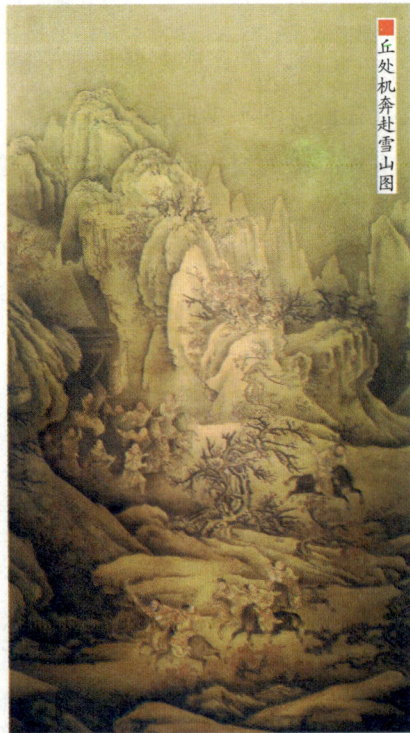

丘处机奔赴雪山图

蒙古汗国时期，成吉思汗大力提倡尊道主要体现在对道教领袖丘处机的尊重和对全真道的优渥上。

成吉思汗曾两次遣使召请丘处机，可是丘处机隐居山林，深居简出，避而不见。成吉思汗求贤若渴，不肯放弃，于1219年第三次派遣近侍臣刘仲禄备轻骑素车、携带手诏再次诏请丘处机出山，演绎了自三国以来又一个帝王虔诚躬迎、礼贤下士的故事。

成吉思汗诏请丘处机的目的非常明了，一是为了求取长生之术，二是为了安民抚众，三是看中了丘

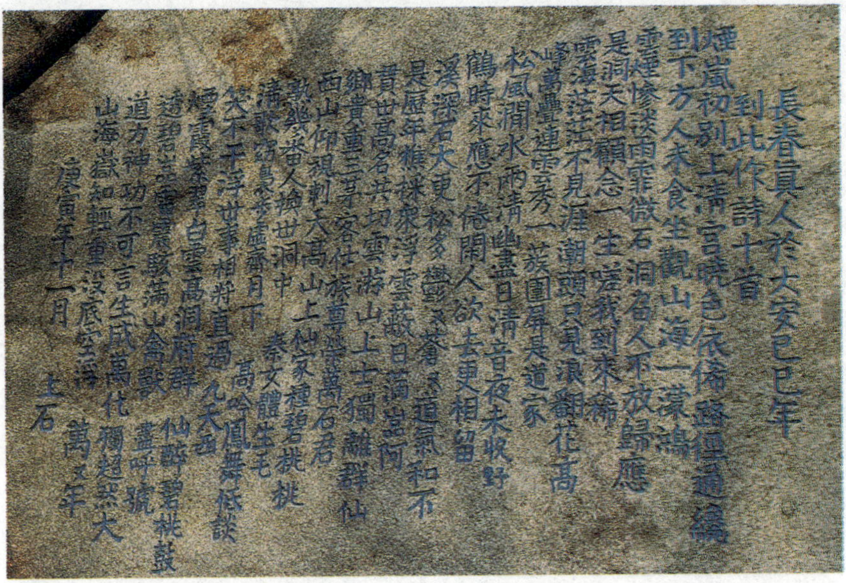
長春真人於大安己巳年
到此作詩十首

丘处机修炼处

处机作为道教领袖的声望和地位，以及他提倡的抚众安民的道家学说。

成吉思汗在《召丘神仙手诏》中，向丘处机讲述自己的行为都是按照全真道教旨去做的，以及他聘贤辅政的迫切心情，并且至诚地说：

> 朕心仰怀无已，岂不闻渭水同车，茅庐三顾之事，奈何山川悬阔，有失躬迎之礼。朕但避位侧身，斋戒沐浴，选差近侍官刘仲禄备轻骑素车，不远千里，谨邀先生暂屈仙步，不以沙漠远游为念，或以忧民当世之务，或以恤朕保身之术，朕亲持仙座，钦惟先生将咳唾之余，但授一言，斯可矣。

于是，刘仲禄以宣差便宜使的名义奉诏前往中原

成吉思汗（1162—1227），孛儿只斤·铁木真，蒙古汗国可汗，尊号“成吉思汗”，意为“拥有海洋四方”，谥号“法天启运圣武皇帝”。世界史上杰出的政治家、军事家。1206年春天建立大蒙古国，此后多次发动对外征服战争，征服地域西达中亚、东欧的黑海海滨。他所建立的政权和法律，至今对世界各国和地区仍然有积极意义。

丘处机与成吉思汗雪山会见

敦请丘处机。成吉思汗赐给刘仲禄的虎头金牌上写着"如朕亲行，便宜行事"的谕旨，使他沿途享有方便行事的各种特权。

成吉思汗不远千里三派朝臣诏请丘处机出山的举措，终于打动了丘处机。丘处机应召西行前赠给朋友的诗中写道：

十年兵火万民愁，万千中无一二留。

去岁幸逢慈诏下，今春须合冒寒游。

不辞岭北三千里，仍念山东二百州。

穷急漏诛残喘在，早教身命得消忧。

由这首诗中不难看出，丘处机不远万里西行的目的，是为了中原百姓免受屠戮。

1220年，丘处机率领赵道坚、宋道安、尹志平、李志常等18位高徒从山东起程北行。同年二月二十日，丘处机携弟子抵达当时蒙古统治下的燕京，即后来的北京。

燕京当地官吏、士庶、僧道纷纷前往卢沟桥迎接这位大汗请来的神仙，而蒙古燕京长官石抹咸得卜亲自为丘处机安排食宿。丘处机后来才获悉成吉思汗已经率蒙古大军西征，根本不在漠北草原，离燕京更是越行越远了。

已经年过古稀的丘处机不想西行，希望在燕京等大汗东返后陛见，并自草《陈情表》奏请成吉思汗裁决。成吉思汗非但不允，反而再次下诏恳切催促丘处机西行。

1221年，丘处机不顾年迈体衰，率弟子踏上征途，向塞北高原挺进。历时4年，终于抵达西域大雪山之巅，即后来的阿富汗境内兴都库什山谒见成吉思汗，大谈养生之道及治国方略，颇得成吉思汗赏识。

成吉思汗见到丘处机果真是一位仙风道骨的道长，便十分欢悦，立即设宴款待丘处机师徒一行，并且开门见山地向他讨要长生之术和长生不老药。

丘处机坦诚地直言："但有卫生之道，而无长生之药。"成吉思汗爱其诚实，又问起统一天下之策时，丘处机对曰："欲一天下者，必不嗜杀人。"并且建议成吉思汗"少杀戮，减嗜欲，敬天爱民"。

丘处机提出的主张，成吉思汗都欣然地接受了。因此，后人

虎头金牌 蒙古汗国时使用的军官牌符。牌与符是一回事，分为虎头金牌、平金牌、平银牌3等，又称为虎符、金符和银符。大致上是万户佩虎符，千户佩金符，百户佩银符。虎符还有三珠、二珠、一珠的区别，三珠为最高，只有上万户府达鲁花赤，万户以上的掌军者才能发给。

103

发展变革

道教宗派

■ 丘处机塑像

评说丘处机有"一言止杀"之功。据《元史·释老志》记载称：

太祖时西征，日事攻战，处机每言欲一天下者，必在乎不嗜杀人。及问为治之方，则对以敬天爱民为本。问长生久视之道，则告以清心寡欲为要。

虽然丘处机所言并没有被成吉思汗完全认可，但在一定程度上减轻了当时蒙古军的杀伐之害。后来清代的康熙帝称赞丘处机道："一言止杀，始知济世有奇功。"成吉思汗待丘处机甚厚，而且尊称他为"神仙"，赐爵"宗师"，掌管天下道教。

在后来丘处机、成吉思汗二人朝夕相处的日子里，丘处机还不断以身边小事来劝诫成吉思汗。

一次，成吉思汗打猎射杀一只野猪时突然马失前

诏书 皇帝布告天下臣民的文书。在周代，君臣上下都可以用诏字。秦王政统一六国，建立君主制的国家后，号称皇帝，并改命为制，令为诏，从此诏书便成为皇帝布告臣民的专用文书。汉代承秦制，唐宋时期废止不用，元代又恢复使用。

■ 全真教众铜像

蹄，可野猪却不敢扑向成吉思汗。事后，丘处机便进谏说："上天有好生之德，陛下现在圣寿已高，应该少出去打猎。坠马，正是上天告诫陛下。而野猪不敢靠近，是上天在保护着陛下。"

成吉思汗对此十分信服，告诉左右人说："只要是神仙的劝告，以后都照做。"

还有一次，成吉思汗过桥时，桥身一下子被雷劈断了。丘处机便说，这是上天在警告不孝顺父母的人。于是，成吉思汗就诏书告诫国人，听从神仙的指示，要尽孝道。

■ 全真教刘处玄像

丘处机还多次劝导成吉思汗，治理天下之术以"敬天爱民"为本，应该体恤百姓疾苦，保护黎民生命。丘处机在成吉思汗身边待了一年之后，自北印度返回中原。虽然当时战事频仍，成吉思汗还是派出5000骑兵，予以护送。

为了表达对丘处机的尊崇，临别之际，成吉思汗还赐予丘处机"金虎符"和玺书，下诏免除道院及道众一切赋税差役。成吉思汗还命令燕京行省将原金代的御花园赏给全真教建造宫观。

从此，丘处机得以弘扬全真教、广建道观，掌管天下道教，取得了蒙古汗国国师的地位。丘处机凭借成吉思汗赐予的虎符和玺书，解救了大量中原人，使数万被蒙古贵族掠夺为奴的人重获自由。

虎符 我国古代对虎的形象十分崇拜，特别是在军事上，如在调兵遣将时用的兵符就刻上一只老虎，称为虎符。虎符是用青铜或者黄金做成伏虎形状的令牌，令牌劈为两半，其中一半交给将帅，另一半由皇帝保存，只有两个虎符同时使用，才可以调兵遣将。

从丘处机西行论道来看，一方面劝告了成吉思汗"止戈为武"，给中原百姓带来了相对和平安定的环境；另一方面他也将中原先进的文化和技术带到荒凉的草原，丘处机的西行促进了民族融合，促进了元对全国的统一。

1224年，77岁高龄的丘处机自雪山返归燕京，赐居于太极宫，就是后来的北京白云观。

当时太极宫一片凄凉，遍地瓦砾。于是，丘处机命弟子王志谨主领兴建，历时3年完成，使殿宇楼台焕然一新。

1227年5月，成吉思汗以丘处机道号"长春真人"作为道观名，亲自将修葺一新的太极宫敕改为"长春宫"。自此，燕京的长春宫为道家第一丛林，成为全真道的中心。丘处机还在成吉思汗赏赐的原金代皇帝的御花园琼华岛修建了"万寿宫"。

丘处机在燕京即北京地区除了广建道教宫观外，亦广度道徒，并且创建了平等、长春、灵宝、长生、明真、平安、消灾、万莲8个传道组织。全真道进入全盛时期。

蒙古汗国时期，丘处机成为北方道教的领袖，全真教不但在北京地区取得了长足的发展，而且在民众中产生了极大的影响。

阅读链接

在全真教发展史上，丘处机是一个里程碑式的人物；在中国道教发展史上，丘处机也是一个史册有名的高德道长。

1191年10月，丘处机回到了阔别多年的家乡栖霞。他回到家乡做的第一件事，就是在故居的基础上扩建了滨都宫。根据《栖霞县志》记载，滨都宫内及其附近，当年建有丘真人考妣墓、长春仙井、丘真人庵、铁树等。丘处机回到栖霞后，消息很快传遍了登州、莱州和宁海州，他先后到三州弘扬全真教，足迹踏遍了昆仑山、崂山、罗山、蓬莱、掖县等著名道观。

元代道教的南北格局

　　入元以后，在执政者的扶持下，道教出现兴盛局面。这种兴盛与隋唐道教相比，主要不是教理教义上的，而是教团组织上的，新老道派呈现合流趋势，形成了北方以全真道为代表，南方以正一道为中心

北京白云观庙堂

■ 道教玉女壁画

的格局。自从全真教丘处机为成吉思汗讲道，被成吉思汗授予主管天下道教的权力后，全真教臻于极盛。

与此同时，为应对全真道的迅速崛起，南方的原龙虎山天师道、茅山上清派、阁皂山灵宝派合并为正一道，尊张天师为正一教主。至此，正式形成了元代道教北有全真派、南有正一派两大派别的格局。

至元年间的1276年，元世祖忽必烈召见南方道教天师张可大的第三十六代天师张宗演，待以客礼，命主领江南道教，赐银印。次年，又醮于长春宫，赐号"演道灵应冲和真人"，给二品银印，命主江南道教事，准许自给牒度人为道士。

张宗演得到元世祖的两次接见，使他获得了不同寻常的头衔和职务。此后，历代正一天师皆被元皇室封为"真人"，命袭掌三山符箓、江南诸路道教事。

首先是天师头衔。元世祖在其制文中称宗演为"嗣汉三十六代天师"，等于以官方名义正式承认了"天师"头衔。

在此之前，张道陵后人虽自称天师，民间也以此相呼，但从未受到官方认可，宋代皇帝仅赐以"先生"号。正式用官方名义承认张道陵子孙为天师始于元世祖忽必烈，到后来明代的明太祖即位后便取消了天师这一称号。

其次是主领江南道教的权力。南宋末张可大受命提举三山符箓，权限不及此。元代时张宗演主领江南道教，便与全真道分治南北，成为南方道教诸派中发展最盛，势力范围较广的一个派别，其发展远远超过了茅山宗和阁皂宗。

入元以后，从第三十六代天师张宗演到第四十一代天师张正言，均受元皇室尊崇，封为真人，尊称天师，命掌江南道教，获得了前所未有的殊荣，是龙虎山张天师道获得较大发展的时期。

■ 天师年画像

历代天师受命主管江南道教，不仅江南符箓派的教务受其统领，全真道之在江南者，亦受其统辖。

江南道教各派宫观的赐额，道官、道职的任命，以及道官封号的赐予等，皆须经天师的首肯和转达。这使得历代天师的首领地位日渐巩固，以至到元代中后期，以天师为首领的龙虎宗逐渐形成为南方道教的重心，其余道教符箓派一步步结合到它周围，最后组成一个大的道派正一道。

当时的西域人也积极接受中原道教文化，信仰道教的西域人士也不在少数。清末大学者陈垣有一部著作《元西域人华化考》，其中通过翔实的事例、严谨

阁皂宗 为符箓三宗之一。形成于北宋，流传至元明。阁皂宗是灵宝派发展到以阁皂山崇真万寿宫为传播中心时代的别称。它本是灵宝派，但又是灵宝派发展过程中的一个特定历史阶段。

的考证，论证了元代西域人仰慕汉族文化，信仰汉族宗教的事实，可见我国汉族文化之魅力。

陈垣在书中说：

> 特患其不通中国之文，不读中国之书耳，苟习其文，读其书，鲜有不爱慕华风者。

在接受道教文化的西域人中，马逎贤是重要的一位。他的作品中有不少游仙之作，对于神仙境界常常低回遐想。对于元初高道丘处机更是尤其倾慕，吟咏再三，《京城杂言》云：

> 丘公神仙流，学道青海东。
> 扣马谏不杀，嘉辞动天容。
> 保此一言善，元祚垂无穷。

自注："太祖纳全真丘处机之一言，国家始终不好杀生。"可谓倾倒之至，由此也足见道教之魅力。

阅读链接

道教是忽必烈试图从中寻求支持和帮助的一种宗教。忽必烈为道教驰名的法术所吸引，并承认他们对较低阶层群众有吸引力。因此朝廷为建设道观提供资金，并向他们提供佛教已得到的相同豁免和特权。

忽必烈对道教的这种支持是一种信号，被传递给了道教的信徒，使一些道教领袖意识到需要与佛教和蒙古人相容共处，并且首先寻求儒、佛、道三家的和解。道教为忽必烈演习和本教祭礼有关的祭祀和典礼，尤其重要的是皇家祭泰山之礼。

道教俗化

明清两代正一道和全真道的地位角色正好作了个转换，明代正一道较活跃，受执政者器重，清代则是全真道较兴旺，较受执政者青睐。由于明清时期道教在官方地位下降，在民间开始广为传播，在世俗化过程中成为更多人的信仰。

作为我国的本土宗教，道教在长期的发展过程中，深深地影响了国人。比如近代道教的礼法活动，其名目众多，且能应对各类场合。再如道教在人与自然的关系上，其"洞天福地"模式，为后世理解道教提倡的"天人合一"思想提供了思路。

明代道教与道教著作

在明代，道教承宋元旧制，分为正一、全真两大派系，官方发给不同的度牒。明代皇室因鉴于世居龙虎山张道陵后裔在道教中的影响，一方面肯定了元代授正一道教主的地位，但又革除"天师"这一称号，改授为正一嗣教真人。

■道教占卜法器

在明代皇帝中，特别崇奉道教的是明世宗朱厚熜，他自号"玄都境万寿帝君"，躬亲礼斋，许多道士被授予"少保"、"礼部尚书"等官衔，参与朝政。

明代历世还在京师设置道纪司，在各府设置道正司，在各县设置道会司，将道教事务列入朝廷行政管理的范围。

明代正一道的政治地位居道教各派之首。早在1361年朱元璋攻占南昌时，正一道第四十二代天师张正常就曾遣使拜谒，密告"符命"，与朱元璋接上关系。

明代开国后，张正常于1368年入朝礼贺，明太祖封他为正一嗣教真人，赐银印。1373年，又敕令张氏永掌天下道教事。从此正一天师便上升为道教各派首领，其地位较元代正一天师统领江南道教更高。

■ 道教文物罗盘

张正常以擅长符水治病闻名，羽化于洪武年间的1377年。其子张宇初嗣位后，袭封正一嗣教大真人，领道教事。此后，明代历代天师皆沿例袭封大真人，掌管天下道教。

张宇初博学能文，撰有《道门十规》。该书吸收全真道性命双修及严守清规戒律之宗旨，针对当时道教弊端，适应明王朝检束道教之举，指出道士应遵守的10条戒律，以之推广于道教各派，意图整顿道教。

《道门十规》对于道教之渊源和流派、立教本旨、道教发展过程中之种种问题和今后应当遵守之原则，均有简明概括之叙述，为明初道教规制之一，是整顿道教的纲领性文献。

张宇初还撰有诗文集《岘泉集》20卷，对道教思想宗旨及修持方法多所发挥，堪称宋元以来最有学识

道纪司 明清地方府一级掌管道教事宜的机构。明代高道刘渊然在云南传播道教，设置"道纪司"、"道正司""道会司"三级道教管理机构。清代设置县级道教机构。《清史稿·职官志三》记载："府道纪司都纪、副都纪、州道正司道正，县道会司道会，各一人。遴通晓经义，恪守清规者，给予度牒。"

的正一天师。张宇初还曾奉敕设醮建斋，重建龙虎山上清宫。

明太祖认为禅宗与全真道"以修身养性，独为自己而习"，无助于伦理教化，故重视正一而贬抑全真。因此，全真道在明代政治地位下降，教团发展受限制，其势力远不及金元时代。

全真道自元代以来，七真门下各自开派，形成7个支派。其中丘处机所开龙门派势力最强。该派传至明代，出现以戒律密传的龙门律宗。此宗以丘处机门人赵道坚为第一代律师，赵传张德纯，张传陈通微，陈传周玄朴。周玄朴是龙门第四代律师，后传于张静定、沈静圆，龙门律宗此后分作张、沈二支流衍。

明世宗时，有龙门第四代弟子孙玄清，得山东崂山李显陀、铁查山通源子及斗篷张真人之传，颇有道术。1558年至京师白云观坐钵修炼，祈雨有验，明世宗朱厚熜诏赐"紫阳真人"之号。孙玄清门下形成金山派，亦称崂山派，属龙门支派。

明代著名的道士还有张三丰、邵元节、陆西星等。张三丰，名全一，又名君宝，字君实，一作"君宝"，号玄子，以其不修边幅又号邋遢。元末明初著名道人，武当派开山祖师。

道教星宿香炉

据史书记载，张三丰丰姿魁伟，须髯如戟，寒暑唯一蓑一衲，一餐能食升米，或数日千里。善于嬉谐，旁若无人。他曾居武当山，修缮五龙、南岩、紫霄诸宫，明太祖闻其名，遣使觅之不得。

张三丰后来居陕西宝鸡金台观，传说曾死而复活，道徒称

"阳神出游"。于是，他游四川青城、鹤鸣山，寻访仙道。最后又回武当山，竟是隐显莫测，以至明成祖朱棣多次派人寻访，均不见踪迹。

张三丰在武当山创立了一个新的道派三丰派，也叫隐山派，掀起了我国道教发展史上的最后一波，并成为武当武功的创立者。

从道源上讲，三丰派丹法源于陈致虚和陈抟，大道渊源始于老子。在三丰派教徒生命观中，有"我命在我，不在于天"的重生贵命之积极观念，因而产生了导引、按摩、辟谷、吐纳、服气、结丹等激发自然潜能的长生内炼灵修法。但他认为炼气固然可以延生，如果没有外德的积聚还是不足得道的，因此在德行上之规定也十分严格。

■ 张三丰雕像

三丰派的丹法很有特点，强调修炼过程中有为与无为要并用。它以清静阴阳、双修双成为显著特点。张三丰《道情歌》曰：

> 未炼还丹先炼性，未修大药且修心。
> 心修自然丹信至，性清自然药材生。

张三丰主张逆修阴阳，双修双成。但这绝不是双修之下乘功夫，因为张三丰坚决反对"犯淫"，认为

龙门派 是全真道分衍的支派之一。它承袭全真教法，处于道教衰落的明清时代。由"北七真"之一丘处机所传。龙门派承其祖派全真道之余绪，以精于内丹学著称于世。其门下拥有许多著名内丹理论家，他们所著的内丹书，较其前辈，有承袭，也有发展，总的特点是功法更细致，更浅明。

戒律 道教主要戒律有想尔九戒，五戒，十戒，碧玉真宫大戒规，孚佑帝君十戒，智慧上品大戒，智慧闭塞六情上品戒，智慧度生上品大戒，三洞众戒文，三坛大戒及祟百药，说百病等。这些戒律的内容大同小异，只不过产生的时代不同，一些高道大德对戒律的观点不同而已，但其目的都是一致的。

■ 张三丰彩像

"犯淫丧失长生宝，酒肉穿肠道在心"，显然这是双修之上乘功夫。

武当道教戒律多达30余条，一般则以老君五戒、十二戒、二十七戒、一百八十戒及中极三百大戒为渐进戒阶，另则初入道者有初真十戒，各地宫观多依戒律制订堂规，订定罚例，对教徒生活规范极为严格。

其中老君五戒是：一、不杀生；二、不嗜酒；三、不口是心非；四、不偷盗；五、不淫色。

另有十善则为：一、孝顺父母；二、忠事君师；三、慈心万物；四、忍性容非；五、谏净蠲恶；六、损己救穷；七、放生养物种诸果林；八、道边舍井种树立桥；九、具利除害教化未悟；十、读三宝经律奉香花供养。

伙居道士及一般教徒不吃长斋，禁食"三厌"和"五辛"，三厌者即天厌雁，地厌犬，水厌鳖；五辛则是蒜、姜、韭、芸薹及胡荽等辛辣之属，因为道者以寡欲养精，少食养气、安眠养神为保养精气神而达长生久视之唯一途径。教徒随其功行修为，逐步加深其禁忌，而对房禁尤为首要，将养精、保精、炼精视为必然过程。

教徒守斋首重"心斋"，持花斋者亦须依据斋禁实施斋戒。《太上洞玄宝福日妙经》中定有正期斋日：正月、三月、五月、七月、九月、十一月为长斋月。正月初七，天曹迁赏会；七月初七，地府度生会；十月初五，水府建生会；此三会斋日持斋，万劫不遭瘟气。

正月十五日、七月十五日、十月十五日是三元斋日，此日持斋，延寿益算不见众苦。

正月初一天腊、五月初五地腊、七月初七道德腊、十月初一民岁腊、十二月初八王侯腊，能持五腊斋者无愿不会。

立春、春分、立夏、夏至、立秋、秋分、立冬、冬至，是八节斋，行道持戒，居门欣庆。每月初一、十五日，甲子日及本命庚申日，宜持斋诵经，生死受福。另以神诞醮会，应守清斋，不可违禁。

三丰派的丹经著作很多，后来的清代著名道士李西月辑成《张三丰全集》，主要经典有《大道论》《玄机直讲》《玄要篇》等，主要论著大都讲的是清静丹法。在《无根树》及后人缀合的《全集》中有阴阳修法，明确主张逆修阴阳，栽接互摄，如《无根树·道情》中写道：

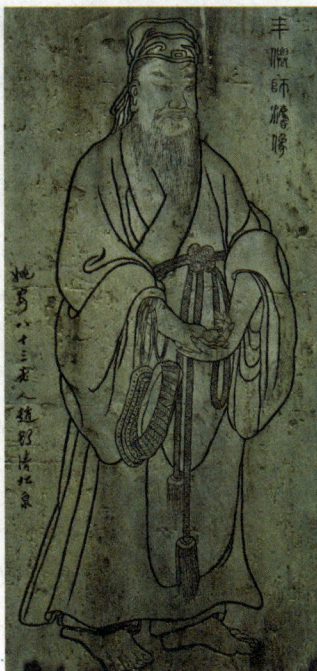
■ 张三丰石刻

> 无根树，花正偏，离了阴阳道不全。
>
> 金隔木，汞隔铅，阳寡阴孤各一边。
>
> 世上阴阳男配女，生子生孙代代传。
>
> 顺为凡，逆为仙，只在中间颠倒颠。

心斋　谓摒除杂念，使心境虚静纯一。道不欲杂，杂则多，多则扰，扰则忧，忧而不救。心斋，就是虚空的心境，即超越功利的审美心境、审美态度。心斋为道教斋法的最高层，指疏沦其心，摒弃智欲，澡雪精神，除却秽累，掊击其智，断绝思虑。

■ 道教天人合一石

上善若水

道教历史与道教文化

太常 是掌建邦之天地、神祇、人鬼之礼，吉凶、宾主、嘉礼以及玉帛钟鼓等文物的官员，即唐虞的秩宗、周代的宗伯、秦朝的奉常，位列汉朝九卿之首，地位十分崇高，兼管文化教育、陵县行政，也统辖博士和太学。其属官分别执掌音乐、祝祷、供奉、天文历法、卜筮、医疗。

由于三丰派将道教内丹功夫叙述得出神入化，至清末时追奉张三丰为祖师的道派多达17个，其中以武当派最为出名。

由于张三丰的道行和其内丹思想的深刻影响，三丰派声名远播海内外。在明英宗天顺年间的1459年，张三丰被封为"通微显化真人"。据《诸真宗派总簿》载，三丰派等传衍至近代。

邵元节，字仲康，号雪崖，江西贵溪人。他幼年父母双亡，遂于龙虎山上清宫达观院出家为道士，师事范文泰得《龙图规范》之秘。后又师事李伯芳，尽得其术。

1526年，明嘉靖帝命邵元节为致一真人，统辖京师朝天、显灵、灵济三宫，总领道教，赐给紫衣玉带及金、玉、银、象牙印章各一枚。从此，长居京师，经常奉诏祷祈雨雪，累获加封受赏。

1532年，敕建真人府于城西，每年给禄米百石，拨校尉40人供洒扫，赐庄田30顷，蠲免其租。以孙邵启南为太常丞，曾孙邵时雍为太常博士。

邵元节奏乞将永恩寺改为道宫。帝准其奏，翻新后，赐额曰元福宫。又遣中使于江西贵溪建道院，赐名仙源宫。

1534年，邵元节从龙虎山还朝，船行至潞河，命中宫迎入，赐新蟒服和"阐教护国"玉印。后来加号为"靖微妙济守静修真凝元衍范志默秉诚致一真人"，赐玉带冠服，又以其祷祀皇太子生有功。拜为礼部尚书，赐一品文官服。

邵元节虽位极人臣，但他谨小慎微，很少干预朝政，专心祷祀。著有《太和文集》。

陆西星为明代内丹东派开创者，字长庚，号潜虚子。扬州兴化人。擅文词，兼工书画。因屡试不中，乃弃儒入道，入山隐居。自称得吕洞宾真传，著书立说，阐发内丹之旨，遂开内丹东派，被后世道士尊为内丹东派之祖。

陆西星著有《方壶外史》8卷，其中包括经典注释及丹法15种，《南华附墨》8卷。近现代一些学者考证，著名神魔小说《封神演义》的原作者实为陆西星。

明代编著了重要的道书《道藏》。明永乐年间，明成祖朱棣敕令第四十三代天师张宇初纂修《道藏》。1444年，明英宗继承明成祖之志，诏通

张三丰泥塑

道教封神演义年画

妙真人邵以正督校《道藏》，次年编成《正统道藏》。至1607年，第五十代天师张国祥奉命续补《道藏》，名《万历续道藏》。与《正统道藏》合计共5485卷，512函，即现存之明版《道藏》。

《道藏》中的各种典籍，都按"三洞四辅十二类"的分类方法编排，成为道教史上现存最完备和最重要的经籍总集。此外，收集在《道藏》中的《图经衍义本草》《白云仙人灵草歌》《石药尔雅》等书籍，都保存了许多有关物种研究、物种保护的珍贵史料。

在明代，值得一提的是道教音乐的发展。明初，朱元璋设玄教院统辖全国道教，下令清整道教，命道士编制斋醮仪范，道教音乐也由此逐渐规范化。

1380年，建"神乐观"，置提点、知观等职，隶属太常寺，掌管宫廷祭祀活动和乐舞生，由精通乐舞的道士主领，乐舞生由征集的道童充任，服饰如全真道士。除京师外，在五岳也设有乐舞生，以备国家祭典用。明初，著名道士冷谦曾主"神乐观"，定雅乐。

朱元璋曾经亲定道教科仪乐章。永乐年间，明成祖朱棣制《大明玄教乐章》，以"工尺法"记谱，有醮坛赞咏乐章、玄天上帝乐章、洪恩灵济真君乐章三部分。曲目有《迎风辇》《天下乐》《圣贤记》《迎仙客》《步步高》等14首，后收入《正统道藏》，为研究明代古音乐的宝贵资料。

另据《大明玄教立成斋醮仪》《大明御制玄教乐章》及《圣母孔雀明王经》等有关道教音乐的记载，明代道教音乐既有承袭唐、宋、元三代的旧乐，又有吸收南北曲音乐的新制道曲，甚至连民间音乐，如《清江引》《一定金》《采茶歌》等曲调，皆被道教音乐所吸收。

明清时期，我国小说创作更加繁荣。此时，在话本及拟话本小说的基础上，出现了长篇章回小说。其中，有一批作品是以道教生活为题材、以道教思想为宗旨的作品。如《封神演义》《韩湘子全传》《吕仙飞剑记》《绿野仙踪》等。这类作品可称为长篇章回体道教神魔小说。

长篇章回体道教小说的特点：一是把历史故事和神仙故事糅合在一起；二是将民间流行的神仙故事进一步加工；三是作品的字里行间渗透着道教修炼成仙的义理。

章回体道教小说在宣传道教教理方面，具有特殊的作用。作者在熟读道教经籍的情况下，改编、重组或创造神仙故事，寓教于乐，使道教思想的宣传进一步通俗化，易为民间所接受。

阅读链接

"三洞四辅"是道教经书分部的总称。道教经书首由南北朝时期南朝宋道士陆修静于泰始年间编成《三洞四辅目录》，后来宋代张君房和明代邵以正督校《道藏》，仍以三洞四辅分类，故"三洞四辅"成为道藏分类的代称。

三洞是经，四辅是对三洞经文的论述和补遗。太玄辅洞真，太平辅洞玄，太清辅洞神，正一则为以上各部的补充。三洞，指的是洞真部、洞神部、洞玄部；四辅，指的是太玄部、太平部、太清部、正一部。

明代云南道教的兴盛

明代云南道教兴盛，高道名师颇多。在传播、发展道教方面，著名道教真人刘渊然及其净明道是影响最大者。刘渊然以一代高道的学识风范，扩大了净明道在云南的影响，推动了云南道教事业的发展。

云南道观真武大帝像

净明道是道教教派之一，又称净明忠孝道。始创于南宋初。相传东晋时江西南昌西山道士许逊修道有灵验，举家拔宅飞升，隋唐时出现神化许逊的传说，北宋时期宋徽宗加封许逊为"神功妙济真君"，使许逊信仰在南昌西山一带更为盛行。

元代初年，西山隐士刘玉清称自己数次遇到许逊等仙真，降授净明道要，遂开创净明道派，以南昌西山为活动中心，一时从学者甚众。刘玉清所创净明道奉许逊为教祖，自称为第二代祖师。

在元明时期，净明道在社会上颇有影响，元代官僚士大夫对其教义极为赞赏。明代阳明学派的王龙溪、罗近溪、高攀龙、屠龙等人与净明道士过从甚密，他对其学说评价甚高。

净明道教义以融合儒释道为特点。所谓净明，即正心诚意，教人清心寡欲，使本心不为物欲所动，不染物、不触物，清静虚明而达于无上清虚之境，此之谓净明。

净明道所提倡的"净明"，旨在使修道者心念和行为皆符合封建伦理规范，自觉遵守忠孝廉慎宽裕容忍之道，做忠臣孝子良民。净明道极力强调忠孝大道，维护封建纲常，因而得到元明两代不少重臣儒士的服膺称赞。

"净明"二字还取佛教常言心性本净本明之义。净明道认为，修炼首先要达到内心一尘不染、不触之思想境界，忠孝则是日常行为活动的准则，二者缺一不可。倡言净明，旨在教人清心寡欲，使心念和行为符合封建伦理规范，做忠臣孝子良民。

净明道的宗教伦理据称以许逊所谓忠、孝、廉、谨、宽、裕、容、忍的"垂世八宝"为依据，

■ 道教雷公塑像

阳明学派 又名姚江学派，创始人为明代大儒王守仁，因其曾筑室于故乡阳明洞中，世称阳明先生，故称该学派为阳明学派。该学派提倡"心即理"、"知行合一"、"致良知"等学说。阳明学派是明中晚期思想学术领域中的一个著名流派，其学说是当时的主流学说之一，后传于日本，对日本及东亚都有较大影响。

■ 道教中的电母塑像

尤以忠孝为首，即"忠孝大道之本也"，认为恪守净明忠孝即可修仙得道。忠孝是儒家的传统思想，可见净明道和儒学之间的密切思想渊源。它还融合道、儒、释，倡导三教归一。

实际上，明代真正推动净明道"大显于世"的人乃是刘渊然。据《明史·方伎列传》记载，刘渊然"有道术，为人清静自守，故为累朝所礼"。他"颇能呼召风雷"，"平生所有貂裘鹤氅，法衣宝剑，一切道具、舆帐、供奉给事之人之类，无一不出朝廷所赐，崇奖之荣，玄教罕比"。

另据清雍正《江西通志·仙释》言，刘渊然曾得明仁宗赐号"冲虚至道元妙无为光范衍教庄静普济长春真人"，并主"领天下道教事"，赐二品印诰。此外，《长春刘真人祠堂记》则详记刘渊然之师承关系及济民利物诸事。

刘渊然是赣南客家人，他生性超脱喜静，又十分看重道德修养。所以，他16岁师从江西雩都紫阳观著名道士赵原阳受符法。

赵原阳是一个对赣南客家地域道教发展和传播有着特殊贡献的人。他传授刘渊然诸阶玄秘，携归金精山，又授以玉清、社令、烈雷、玉宸、黄箓、玉箓等书，以及金火返还大丹之法诀和呼召风雷、驱役鬼神

法衣 道教与佛教的法事专用服饰。道教法衣是道教科仪中高功法师各种穿着的统称。包括：忏衣，是道士在科仪中念经拜忏时所穿的一种法衣；绛衣，是在大型斋醮法会中，高功法师所穿的一种法衣；海青，为道士日常穿用，是用青布简单制作而成的宽袖道袍。

等法术。刘渊然学业精进，后来终成大器。

明代执政者对净明道颇重视。据相关史料记载，明太祖朱元璋闻刘渊然之名，于1393年召其至京师，试以道术，赫然灵验，赐号"高道"。并命之在南京朝天宫建西山道院居住，常被顾问，出入禁中，与论道要，礼遇甚优，成为显赫一时的全国道教领袖人物。尔后，刘渊然又在京都相继建了灵济、神岳二宫，传授了一大批弟子。

明代永乐初年，刘渊然随明成祖朱棣至北京，升迁"左正一"，赐"真人"号。但刘渊然生性耿直，不适宜京城风云，就到云南传播净明道，广收道徒，兴建宫观，他收邵以正、芮道材、蒋日和等为徒，在滇势力渐盛。

在云南期间，刘渊然曾刊印《净明忠孝全书》以传播净明学说，这同样能表明他的"净明"身份。也正由于此，清代道书《逍遥山万寿宫志》才将刘渊然尊为"嗣师"。

刘渊然的影响，主要是通过高超的道法来展现的，甚至第四十三代天师张宇初也曾从他学法。值得注意的是，刘渊然高超道法的影响，不仅广泛地存在于民间，而且还渗透入皇室内部，而这对于净明道在云南发展的推动力是非常巨大的。

鹤氅 又叫"神仙道士衣"，就是斗篷、披风之类的御寒长外衣。道教产生之初，道衣曾以鸳鸟羽毛拈绒，然后编织而成，称鹤氅。其制法早见于汉武帝时方士栾大穿着的羽衣，无袖披用，展如鸟翼，取神仙飞升之意。南朝宋陆修静定道服有披、褐两种。披即披风类衣物，如讲法师披于肩背的霞帔，褐即所说的道袍。

■ 道教风神塑像

据《龙泉观长春刘真人祠记》一书中记载：刘渊然在云南期间，"凡滇民有大灾患者，咸往求济，无不得所愿欲"。且刘渊然"平生所有貂裘、鹤氅、法衣、宝剑，一切道具舆帐、供奉给事之人之类，无一不出朝廷所赐"，这是明宣宗朱瞻基对刘渊然"宠眷弥厚"的历史记载。

在此情况下，刘渊然曾"奏请立云南、大理、金齿三道纪司以植其教"，将道教成功地传播到了偏远的西南少数民族地区，使云南道教声望大振，促进了云南道教的发展。至今，云南仍有宗奉刘渊然的净明道徒活动，由此可见其影响之深远。

除了高超的道法外，刘渊然的影响还通过其高足来展现。刘渊然门徒众多，著名者如明京师道箓司左正一邵以正、大理府道纪司都纪芮道材、昆明真庆观住持蒋日和、吴中福济观住持郭宗衡、兴国治平观高道王贞白等，其中尤以邵以正最为杰出。邵以正是刘渊然在云南期间收得的门徒，也是刘渊然唯一认可的继承其"道脉"的人物。

上善若水
道教历史与道教文化

道教法器剑狮兽牌

刘渊然及邵以正师徒在明代推动净明道发展的方式，主要是依赖其高超的道法和渊博的学识，通过济民利物、结交权贵而博取百姓的信奉与朝廷的扶持。

刘渊然在云南期间的另一大影响就是创立长春派，被长春派后辈尊称为"刘祖师"。长春派注重符箓，尚劾治鬼邪，精于医术，为人治病。

长春派是明清时期在云

南特别是昆明影响较大的派别，与龙门派并行，主要流传于昆明一带。昆明地区主要的寺观有黑龙潭龙泉观、虚凝庵、武成路的土主庙及旁边唐宋年间建的老子祠、东门外青帝宫、敷润门碧光楼关帝庙，寻甸茶庵寺，嵩明太乙庙、斗姆阁等。

刘渊然还在云南设置了道纪司、道正司、道会司三级道教管理机构。云南府道纪司设在昆明的长春观。

刘渊然创立的长春派，其弟子遍及云南全省，及北传至黔桂，西沿迤西大道传至保山、凤庆、腾冲、缅甸，南传至玉溪、通海、河口及越南。

在刘渊然及净明教的积极推动之下，明代云南的道教逐渐走向兴盛，对云南文化产生了广泛而深刻的影响，并在全国道教界中赢得了一席之地。

阅读链接

刘渊然的老师赵原阳曾在雩都即今于都紫阳观以道法为民救旱祈雨。据说有一天，赵原阳跌坐榻上书偈："遁世和光了幻缘，缘消幻灭独超然。清风遍界无遮障，赫日当空照大千。""日"字但作一圈。适逢当地民众祈雨队伍过紫阳观，赵原阳一闻乐声，即援笔在圈中作一点，掷笔于地。顿时，风云汇聚，大雨倾盆。

赵原阳在紫阳观时，刘渊然慕名前往拜谒，赵原阳亦悉心传教。在赵原阳的指导下，刘渊然的炼丹术大进，声名远播。

清代道教的世俗化过程

上清宫道教画

清代满族贵族兴起于关外，入关之前信奉藏传佛教，入关后重视利用儒学治国，对道教虽仍予以保护，但远不及明代那样尊崇。

清初顺治、康熙、雍正三朝为笼络道教，开始对道教重视和利用，依明代旧例，封赠正一真人，令其掌管天下道教。

1651年，第五十二代天师张应京入朝觐见，清顺治帝敕授正一嗣教大真人，掌天下道教事，给一品印。随后，第五十三代天师张洪任入觐，袭封大真人，并敕免本户及龙虎山上清宫各色徭役。

清代康熙皇帝曾命第五十四代天师张继宗进香五岳，祈雨治河，袭封大真人，授给光禄大夫品级。清雍正皇帝笃信禅宗，对道教方术亦感兴趣，认为"道教炼气凝神，与儒家存心养气之旨不悖"。

清代雍正皇帝提倡三教各有所长，缺一不可，故对道教的功用也给予肯定，对天师后嗣张锡麟及龙虎山道士娄近垣优礼有加。

1727年，第五十五代天师张锡麟入觐，清雍正帝依前朝旧例，袭封大真人，授光禄大夫。雍正皇帝晚年多病，曾召龙虎山正一道士娄近垣入宫，设坛礼斗，以符水治病有验。娄近垣因此被封为妙应真人，赐四品龙虎山提点，又拨官银修葺龙虎山宫观，置买香火田数千亩。

娄近垣在清代正一道士中最有学问，撰有《龙虎山志》18卷，文字通达。又撰《阐真篇》，对禅宗及全真道内修法颇有见识，被选入清雍正年间所编的《御选语录》。

清代初年，全真道龙门派宗师王常月应运而出，以振兴道教、恢复祖风自任，传戒弘教，使明代沉寂已久的全真龙门派出现了中兴景象。

王常月，号昆阳子，山西潞安人。少年出家云游四方，参访明师50余人，得龙门派第六代律师赵真嵩之传，成为第七代龙门律师。王常月受师父之嘱托，

■ 道教神仙塑像

进香 在道教和佛教中，把向神或佛烧香称为进香。这是对诸佛菩萨，还有众天神的重要供养方式。所进的香分两种，一种是实体的香，另一种是心香，就是修炼的决心。

道教玄武龟蛇铜雕

羽化 道士修炼到极致，跳出生死轮回、生老病死，是谓羽化成仙。"羽化"一词源自古代阴阳学，古人认为，阳气产生于盘古开天辟地，阳清为天，阴浊为地。阴阳比较平均的就演化成了人。因此古人相信通过修炼可以羽化成仙。有道高士去世也被称为羽化。

看准时势，改革旧制，以公开传戒度人出家，整顿教规作为振兴宗门的主要手段。

清军入关时，王常月即从隐居的嵩山北上京师，挂单于北京白云观，被道众推举为方丈。王常月奉旨主讲白云观，登坛说戒，度弟子千余人，一时南北道流纷纷来京受戒。在八方归附的形势下，他的传戒活动也得到了清政府的许可。

1669年，王常月率弟子詹守椿、邵守善等南下，在南京、杭州、湖州、武当山等地立坛说戒，皈依受戒者甚多，龙门教团于是大盛。

王常月著有《碧苑坛经》2卷，又名《龙门心法》，是弟子们整理他在南京碧苑登坛说戒的语录而成。龙门派所传戒法分为初真戒、中极戒、天仙大戒三级，王常月将此三级戒作为实践真功的基础。

王常月羽化后，其弟子继续在东南江浙诸省开坛传戒，形成不少龙门支派。清康熙帝敕赠"抱一高士"，命于其墓上建堂塑像，每年都派官致祭。

例如：黄虚堂开创苏州浒墅关太微律院支派，其弟子有孙碧阳；金筑老人盛青涯开创余杭金筑坪天柱观支派，门下有潘牧心、王洞阳、潘天涯等递相嗣传；吕云隐开戒于苏州冠山，门庭颇盛，其弟子吕全阳、鲍三阳、樊初阳、丘寅阳、徐艮阳、钱函阳、孙则阳、归南阳、邵悟真等人，活动于苏州、无锡、湖州一带；陶靖庵开创湖州金盖山纯阳宫云巢支派，门下有陶石庵、徐紫垣、徐隆严等相继嗣传。

清代龙门律宗除王常月门下诸派外，还有与王常月同辈的沈常敬所传派系。沈常敬隐居江苏茅山，门下有孙守一、高守圆等大弟子。孙守一弟子周太朗，开创栖霞金鼓洞支派，四方从学者达千余人。孙氏另一弟子范太清，住持天台山崇道观，为东南龙门派一大道场。周太朗再传弟子沈一炳、闵一得，均为清代道教内丹术著名学者。闵一得住持金盖山纯阳宫，撰《金盖心灯》8卷，详记明清龙门派传承历史。又编辑《古书隐楼丛书》，收明清道书28种，多为内丹学著作。

除东南地区外，清初至清乾嘉年间，全国各地，甚至全真道历来影响甚微的东北、西北、西南地区，也都出现龙门派活动的踪迹。

在东北，有辽阳道士郭守真于明末赴马鞍山师事龙门第七代道士李常明，后返归辽东，隐居本溪铁刹山八宝云光洞修道30余年。康熙初年应盛京将军乌库礼之请，住持盛京即沈阳太清宫传戒，受戒者先后达数百人。

在西北，有龙门派第十一代道士刘一明，隐居甘肃金县栖云山修炼多年，往来于兰州，陇上士庶多与之交往。刘精通内丹易学，著有《道书十二种》，流传颇广。在江西有龙门第八代道士徐守诚，隐居西山修炼，门下有谭太智、张太玄、熊太岸等弟子。

在广东有龙门派第十一代道士曾一贯，于康熙年间入罗浮山任冲虚观住

朱青玉召万神符牌

道教龙头手炉

持，其徒柯阳桂门下弟子百余人。

在四川有龙门第十代道士陈清觉，于清康熙初年从湖北武当山来到青城山，后住持成都二仙庵，开创龙门碧台丹洞宗。二仙庵与武昌长春观、西安八仙庵并称为天下龙门派大丛林。

在云南鸡足山，还有被称作"龙门西竺心宗"的特殊道派。该派创始人鸡足道者原名野怛婆阇，本为月氏国人，自称元末从印度来滇，精通"西竺斗法"，常诵咒不绝。1659年鸡足道者赴北京白云观皈依王常月门下，受龙门戒法，改名黄守中，成为龙门派八代弟子。后归鸡足山，创"龙门西竺心宗"。直至1790年，闵一得游历鸡足山，还曾见到黄守中，并从他受西竺斗法而归。

自明末清初至清代中期，全真道龙门派遍传全国各地，其势力远远超过正一道派及其他全真道派，与佛教"五家七宗"中的临济宗地位相当，故世有"龙门、临济半天下"之说。

自清乾隆时期起，清政府对道教活动的限制日趋严格，道教的地位不断下降，组织发展基本停滞，教理教义毫无创新。但正一道在民间的活动还在进行，并向边远地区和少数民族中传播。

自清乾隆年间废除僧道度牒制以后，僧道数量增长很快。而且随着清代疆域的开拓，汉族向边疆地区迁移，一些原来很少有道教的地区，如东北、新疆、内蒙古、台湾等地，也陆续建起道教宫观，有道士住持，供奉香火。

据《诸真宗派总簿》中所记，正一派、茅山派、清微派、灵宝派、净明派等符箓道派至清末皆传承不绝，尤以正一派、清微派两派分支最多。

此外还有西河派、天山派、奉真武大帝的武当派，以及九宫山派、张玉皇高上派等正一支派。这些道派虽传承不绝，但其学说及修持方法多已相互融合，彼此区别不大。

清代，在道教音乐管理上基本沿袭明代旧制。北京的东岳庙、蟠桃宫、吕祖祠、岳庙、关庙均属神乐观，居乐舞生，平时着道装，蓄发住庙，但可有家室，父子世袭。遇有朝廷盛典，即奉诏入宫参加祭典仪式。演奏的乐曲属宫廷祭典音乐，使用乐器比较多，雄壮宏伟而又不失欢快。

在民间，道教音乐与各地的地方曲调广泛地融合，形成各地不同的道教音乐风格。伴随着道教的世俗化过程，道教音乐走上了多样化、地区化的道路。

阅读链接

北京白云观一直以《全真正韵》之发源地和正宗而著称。清初，受清皇室支持，全真第七代祖师王常月奉旨公开在北京白云观举行传戒的法会。一时之间，全真著名斋醮大家云集北京，登坛演法，全真科仪、经韵等得到全国性的演练与统一。

白云观的道教音乐用的是韵腔，属于全真正韵的《十方韵》。据传，清末白云观住持孟永，为留住过往云游的道家高士，共礼三清，光大白云观，他把道家通用的音乐进行了修订，加入北京地方的特色，把《十方韵》改为《北京韵》后，从此闻名仙林。

道教的宗教礼法活动

玄天上帝像

　　道教经过长期的历史发展，吸收了民间信仰和民俗文化，其宗教礼法活动日益丰富和完善。到了近代，世俗化的道教礼法活动逐渐成熟，形成了名目众多、适合于各类场合的道场。

　　道教的宗教活动又称为"斋醮"，是道教信仰的表现形式。道教进行这项活动的醮坛，即道士祭神的坛场，是神灵降至之所，既神圣又庄严。道教的宗教活动在每年的农历三月三和九月九这两个重要的日子举行，农历三月三是真武大帝诞辰日，九月九是真武祖师得道飞升之日。

　　在武当山真武祖师道场，道教信徒们

在每年的这两个节日都要举行一系列的法事活动。通过这些传统法事活动，祝祷国家享太平，人民福德全，庆贺神仙寿万年，慈悲度世功无边。

每年农历的三月三、九月九的法事程序主要是：早课、开坛、请水、荡秽、祀灶、扬幡、请圣、祝寿、庆贺、真武祖师大表、诵三官经、诵《祖师经》、礼斗、回向、超度、落幡和送神。

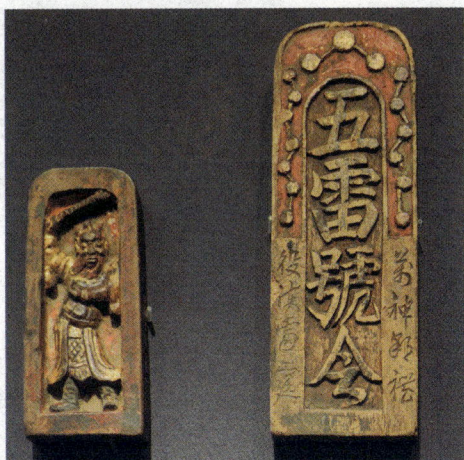

■ 道教雷符令牌

早课的程序包括：咏四腔、念八咒、诵四经、诵十二诰和咏三腔。

咏四腔，就是咏澄清韵、举天尊、吊挂、提纲四腔，以敬香供水。

念八咒，就是净心神、净几神咒、净身神咒、安土地神咒、祝香咒、金光神咒、玄蕴咒、净天地解秽咒8咒，以净心安神，为正式诵经做准备。

诵四经，也就是诵《太上老君说常清静经》《太上洞玄灵宝升玄消灾护命妙经》《太上灵宝天尊说禳灾度厄真经》和《高上玉皇心印妙经》四经，以闻经悟道。

诵十二诰，即诵《玉清宝诰》《上清宝诰》《太清宝诰》《玉帝宝诰》《天皇宝诰》《星主宝诰》《后土宝诰》《南极宝诰》《北五祖宝诰》《南五祖宝诰》《七真宝诰》和《普化宝诰》12诰，呼唤诸尊神仙真名号。

真武大帝 又称玄天上帝、玄武大帝、佑圣真君玄天上帝，全称真武荡魔大帝，为道教神仙中赫赫有名的玉京尊神。道经中称他为"镇天真武灵应佑圣帝君"，简称"真武帝君"。民间称荡魔天尊、报恩祖师、披发祖师。明代后，在全国影响极大，近代民间信仰普遍。

灶神 也称灶君、灶王爷、灶公灶母等。他是我国古代神话传说中的司饮食之神。秦汉以前更被列为主要的五祀之一，和门神、井神、厕神和中溜神五位神灵共同负责一家人的平安。灶神之所以受人敬重，除了因掌管人们饮食，赐予生活上的便利外，还是玉皇上帝派遣到人间考察一家善恶之职的官。

■ 道教法事活动

咏三腔，即咏祝圣、忏悔、皈依3腔，以求得千真拱听、万圣通灵。

早课是三月三、九月九法事活动的序幕。通过早课与诸神沟通之后，就进行开坛作法。"开坛"是在各种准备工作都做好了，早课以后开始举行的正式法事活动。在天无秽气，地无妖尘，人人恭敬，开坛符命已宣传的情况下，就可以开坛作法了。

开坛的目的是通过志心皈命三清、四御、弥罗、灵官、度人、土地，一切同救普功，上奉高真，下保平安，赐福消灾。

开坛的程序：三吹三打、澄清韵、举天尊、吊挂、香供养、提纲、开坛符、举天尊、中山神咒、救苦韵、大赞和小开门。

"请水"是继开坛之后进行的法事。通过法师念唱，焚香供养，传递信息给水官天帝，五气龙君，九江八河、五湖四海的龙君、河伯河侯、水府眷属，一切与水有关的威灵神真降临坛所，顺迎这五气，洗涤诸愆。然后香茶上献，回谢高真。

"荡秽"就是驱除一切邪恶污秽，邪能干正，非正气则不能避其非，秽能败真，非真气则无以涤其秽。

在荡秽活动中，法师以道气感通神人，聚精微，达诚冲漠，迎天地神祇，以香为信，获得天乙真源，壮方正气，内施则吐故纳新，外用则荡瑕涤垢，能除天地之厌秽。荡秽反映了道教驱邪向正，热爱美好事物的思想。

镇邪将军砖雕

"祀灶"又称祭灶，通过法师在做法事过程中高功提纲，经师念祝，向"一切与灶有关的真宰神君"表达供养之意，祈祷灶神驱不正之鬼神，扫灶中之疵疠，监督厨庭，使斋供俱洁净，从而给施主下保平安，赐福消灾。祀灶活动体现了道教勤俭节约，讲究卫生，爱惜粮食的美好风尚。

"扬幡"是为了请圣做准备工作的，通过宝幡高举挂长杆，灵风鼓舞，上则迎真降圣，贻集神仙，下则福国康民，可以消灾愆于已往，可以集福庆于未来。

扬幡在整个法事过程中，有着十分重要的作用。

"请圣"是法师在做法事时，拈香启请天界仙真圣神来坛场。道教经文中说：

香自诚心起，烟从信里来。一诚通天界，诸真下瑶阶。

说明香是人神沟通的中间媒介，因此有"兹岁朝奏，必假香传"之说。希望三岛神仙临法会，十洲诸真到瑶坛。

在请圣活动中，高功法师还要宣读请神关文，仰烦值日功曹，上

■ 道教幡符

三十二天帝 道教天神。其32天，有"四梵三界三十二天"和"四方各八天的三十二天"两种排列。每天都有帝王治其中。欲界6天帝主长生之箓，度魂更生等。色界18天帝主炼度朽体，炼仙成真，应化一切等。无色界四天帝主领箓魔王等。种民四天帝也称四梵天帝，主召集仙真等。

诣三界总圣官司呈关。疏文上达以后，恩命下颁，仙真下临，可谓不可思议功德。

"祝寿"就是庆祝长寿，是每逢农历三月三、九月九，真武祖师诞辰和得道日要举行的祝寿科仪，然后在第二天早课以后举行庆贺科仪。

祝寿与庆贺是相辅相成的。整个祝寿过程都是围绕"功德福无边，圣真万年寿，诚达九重天"来展开的。高功法师以各种赞美之词和着优美的旋律，祝贺各位神仙长寿。

"庆贺"是在早坛功课经下殿以后，高功击鼓召众，道人排班演礼。在庆贺活动中，法师以"道经师三宝香"，对庆贺的神真常供养。出示庆贺疏文一卷，宣读焚化，上诣诸天并金阙，下临水国及阳寰，符使早登程，疏文上诣，恩命早颁。

"真武祖师大表"是专门针对真武祖师而设的，先简单地阐述真武祖师的修行历程，接着以三宝香供养加以祝福，祝香咒，卷帘符与加以祷祝。并附加上天界诸神一并朝礼，以洒静，五色云烟，清静文水，中山神咒等求得凶秽消散，祛病延年，祸去福来，对真武祖师大加赞颂。

"诵《祖师经》"，就是诵《太上三元三品三官大帝宝经》。三官是指上元一品赐福天官紫微大帝，中元二品赦罪地官清虚大帝，下元三品解厄水官大帝。通过奉诵三官宝经的活动，获得天官赐福，地官赦罪保命，水官消灾解厄。

诵《祖师经》主要是针对真武大帝而设的经忏。《祖师经》又称《元始说北方真武妙经》。该经先述真武大帝封号，以倒叙的手法将真武大帝出生、出家修道的详细过程，以及得道后的功德事迹加以展开，读来朗朗上口，活灵活现，最后以大赞、小赞结束，对真武大帝进行赞颂。

"礼斗"又称拜星、拜斗，是道教为消灾、祈福、延寿而举行的斋醮仪式。礼斗仪式庄重肃穆，设内寺和外、中坛。内坛供奉斗姆，是众星之母。内坛周围悬挂3天，5方幢幡；外坛以地为平，各悬挂9天，"三十二天帝"幡符，周围列"二十八宿"幡。

"回向"是在农历三月三、九月九法事尾期举行的科仪，是法师向神仙圣真回报法事情况。

当早课、开坛、请水、荡秽、祀灶、扬幡、请圣、祝寿、庆贺、真武祖师大表、诵三官经、诵《祖师经》、礼斗等法事活动完成后，通过"回向"这一科仪，向各路神仙禀报情况。

"超度"又叫施食、斛食、放焰口、度亡，是举办斋办斋醮祭炼

清代八卦云鹤碗

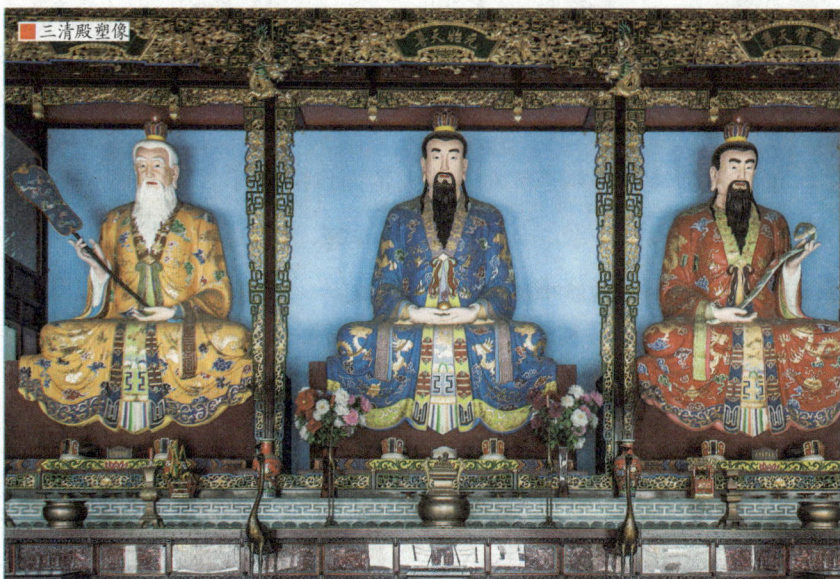
三清殿塑像

上善若水

道教历史与道教文化

　　道场。在超度活动中，高功法师用符水、食物、简箓等，为冤魂野鬼进行超度，使其灵魂归于天界，超脱地狱轮回之苦，使离开人世的得到消灾、解厄，使在生人世的亲人心安，福佑子孙。

　　"落幡"就是法事结束了，要把旗幡放下来，但要先向各路神仙请示，并感谢他们降临坛场。落幡与送神紧密联系，经完幡落，功德圆满，各路神仙也该起程了。从哪里来回到哪里去，仙去了，恩留下来了，福赐下来了，法事的目的也就算达到了。

　　"送神"就是在法事的主要内容做完后，把天界请出来的各路神仙再送回去。

　　道教宗教礼法活动与其他宗教活动一样，整个过程肃穆庄严、井井有条。因此，围绕醮坛的法器和活动等，自然也十分圣洁，并由此产生诸多禁忌。诸如坛场禁忌、斋供禁忌、敬神禁忌、饮食禁忌等。

　　亲临醮坛之人，主要是道士，也有诸多的禁忌。坛场禁忌总的精神就是诸多秽不可入坛。也就是说，道教在举行迎真祈福道场时，切不可有吊丧、问病、畜产等不洁之物进入道场。

道教在祀神时有斋供禁忌。道教祀神时，常用香、花、灯、水、果5种祭品，奉献于神坛之上，称为斋供。

供神之香是道士及信徒通感神灵之物。道士要上香，信众求神也要上香。上香时，持香者要手指干净，切忌"信手拈香，触以腥秽"。

供神之花，常以梅、兰、菊、竹四季之花为上品，次为水仙、牡丹、莲花。敬神所用鲜花，首重清香芬芳，全无芳香者，或令人生厌者，忌用于敬神。

道门称奉献斋坛之水为"七宝浆"。此水忌用生水及不洁之水。醮坛所用之灯，要用一色芝麻油燃点，忌用六畜脂膏之油，否则会触秽神灵。道教所用的供果，必须是"时新果实，切宜精洁"，忌用石榴、甘蔗之类及秽泥之物。除此之外，食过之物、冬瓜、石榴、芭乐、李子、单碗菜等，不能用于祭神。

在道教的敬神禁忌中，道徒在烧香敬神时，忌戌

祭品 即祭祀时用的物品。根据不同种族和不同地域，祭品的形式十分丰富，有动物如猪、牛、羊、鸡，也有植物，还可以是衣物等物品。在远古时代和愚昧时代，甚至有拿活生生的人作为祭品；暴政时期也曾出现过用活人陪葬与祭祀的情况，十分残忍。

■ 道教敬神活动

日烧香；忌双香祀神，道教祭神一般多以3炷香为准；忌用右手捻香，要左手持香，右手护香；忌以口啣香，也就是不能用嘴叼香；烧香忌回顾，要心神专一；忌用灶中火燃香。

道教服饰也有禁忌。道门内部具有浓郁的神圣氛围和宗教色彩，衣有衣的要求，食有食的讲究，都不能够随心所欲，我行我素。

道教服饰禁忌内容很多，主要包括忌秽亵法服，忌法服不洁、形仪慢黩，忌衣服杂色，忌衣饰华美、与俗无别，忌法服借人，等等。

在饮食方面，道教养生之道的一个很重要的内容就是饮食禁忌。道教特别强调对于酒、肉及"五辛"之菜等的禁绝。

此外，在参访道教宫观时，也有一些基本的礼仪。例如：同道士打招呼，要用两手抱拳的拱手礼仪；见了道士不得问寿，即不得问道士的年龄；在重大的道教醮仪上，主祭道士都用我国传统的"三跪九叩"之礼；如果入门问禁，则需入乡随俗，可以在神坛前行鞠躬礼。

总之，植根于素有"礼仪之邦"的华夏民族文化土壤中的道教，经过长期的发展，宗教礼法活动的完备，相比其他宗教，毫无逊色。

阅读链接

"三清四御"，是道教诸神地位的排名，三清的地位高于包括玉帝在内的四御。

道教宫观中多有在三清殿以外，另设有四御殿，供奉四御尊神。在大型斋醮仪礼活动中，除了供奉三清外，也别设有四御之神位。道书称"各居一列，各全其尊"。

道教四御各尊神也分别有其神诞之日，玉皇大帝为正月初九，紫微北极大帝为十月二十七日，勾陈上宫天皇大帝为二月初二，后土皇地祇为三月十八日。道教信徒多有在四御尊神神诞之日分别赴道观烧香奉祀的。

道教文化的环保思想

经过长期的历史发展过程，道教文化日益丰富和完善。发展到近代，道教的文化内涵包括了神学、哲学、伦理、丹术、医学、音乐、诗歌、散文、小说、建筑、环保等诸多因素。道教文化深远地影响了我国社会的政治、思想、风俗习惯、文学艺术以至科技等方面，成为我国传统文化的重要支柱。

在内涵丰富的道教文化之中，道教在人与自然的关系问题上，具有深邃的环保意识和生态智慧。其"洞天福地"就是生态

道教紫霄福地

昆仑仙境 昆仑，即昆仑山，又称昆仑虚、昆仑丘或玉山。传说中的昆仑，既高且大，为中央之极，也是连接天地的天柱，仙人万一还想上天，这是绝妙的歇脚之处。昆仑又是黄河之源，黄河是母亲河，包括修道人士在内的古人出于这种崇拜心理，将昆仑由神山转化为仙山便顺理成章。

保护的理想模式。

道教作为一个贵人重生的宗教，非常重视人与自然环境的和谐。古代修行道教的人为了得道成仙，往往把理想的追求和现实营造合为一体，并在昆仑仙境的直接影响下，开始了洞天福地的建立和营造。

所谓"洞天福地"，一般的理解就是修道者居住的山洞、山地，或一些名胜之地。但从道教的独特视角来看，它是经过选择并营造的天地间最灵秀的地方，其灵秀在于最能体现道意，融自然与人于一体，是沟通天地、仙凡两界的一个别有空间世界，所以成为修道者最适合的修行、游息之地，历代的仙家真人多得道于此。

出世较早的洞天是昆仑山，随后"五岳"相继崛起，并逐渐形成大小三十六洞天和七十二福地的人间仙境。对于仙境的环境，道书说：

　　有长年之光景，日月不夜之山川。宝盖层台，四时明媚。金壶盛不死之酒，琉璃藏延寿之丹，桃树花芳，千年一谢，云英珍结，万载圆成。

道教认为无限美妙的神仙世界，或在天上，或在海中，或在幽远之名山洞府，这些地方便成为人们不懈追求的目标。

洞天福地是道教提出的一个极具思想特色的学说，它的起源与远古时代人们的山居传统有关，同时也与道教的人生追求相联系。

道教对名山大川特别偏爱，除了它的幽静、灵奇和方便采药、行气等原因，更因为这里万物并作，生机盎然，是自然大道的集中体现。道教"三清"中的太清之主道德天尊老子在描述"道"的表象时，就特别好言山水，它们分别象征着大道的虚静、宽容和柔弱、滋养。

儒家创始人孔子也有"智者乐水，仁者乐山"的说法，给自然山水更增添了一层人文意蕴，对后来的道教观念也有影响。

不过，道教在自身信仰追求的主导下，将对山之所乐引向了对自然的回归。因此，山在道教中的地位远较世界上其他宗教更为突出。

道教从产生伊始就与山结下了不解之缘，从远古的黄帝问道于崆峒山、老子在《道德经》中说"道

琉璃 亦作"瑠璃"，是指用各种颜色的人造水晶为原料，采用古代的青铜脱蜡铸造法高温脱蜡而成的水晶作品。其色彩流云漓彩、美轮美奂，其品质晶莹剔透、光彩夺目。琉璃是佛教"七宝"之一、"中国五大名器"之首。我国琉璃生产历史悠久，最早的文字记载可以追溯到唐代。

■ 天师洞碑刻

法自然"开始,千百年来,历代道人隐居深山,潜心修道,先后营造了一个个理想的人间仙境。

道教典籍中所有关于洞天福地的描述,几乎无一例外是丛林流水,鸟兽成群,花草飘香,气候宜人,五灾不侵,百病不生。人们生活其中,秩序井然,自由自在,甘食美服,安居乐俗。

晋代陶渊明著名的《桃花源记》就是深受道教黄老之学影响的作品,他描述的内容正是道教所追求的境界。这是一种美好的生活境界。从生态学的角度来看,这种洞天福地就是最早的生态保护,简直就是近乎完美的生态环境,充满了人与自然的和谐,令人陶醉。

道教的洞天福地是生态自然保护,道教的十大洞天、三十六小洞天、七十二福地无一不是植被丰富,林木幽深,物种丰富。这一切都体现了道教爱护自然、崇尚自然和致力于人间仙境建设的可贵精神,体现了道教为人类生态自然环境保护所做的卓越贡献。

正如道教所阐述的五行循环理论,自然万物也和人的肌体一样,需要良性循环。如果破坏了自然环境,也和人一样,难以恢复元气。反思历史悠久的我国本土道教,无疑为后人提供了有益的启示,仍然是后人获取知识的宝贵资源。

阅读链接

春秋时期的道家创始人老子是道教"三清"之一,他通晓政治、历史、礼乐、天文、地理、人伦等。儒家创始人孔子曾经两次拜见老子,向老子请教道和礼。老子在送别孔子时,曾指着河水给孔子讲"上善若水"的道理,孔丘闻言,恍然悟道。孔子回来后告诉他的弟子们说,老子就像一条龙。

老子的"上善若水",体现了道家的自然观和社会观。后世的道教对老子的思想最为钦服、推崇,认为老子是"古之博大真人"。

体现和谐的道教名山

　　道教追求人与自然的和谐，因而在发展过程中营建了江西龙虎山、安徽齐云山、湖北武当山、四川青城山这道教四大名山。在这些名山的自然环境和人文环境中，道教注重生态保护的理念得到了充分体现。龙虎山，原名云锦山，坐落于江西贵溪西南部，是独秀江南的秀水灵山。它是道教正一道天师派的祖庭，是我国道教发祥地。山的

龙虎山正一观

龙虎山天师府牌匾

形状若龙盘，似虎踞，风景秀美，集天地灵气，位居道教名山之首，被誉为我国道教第一仙境。

传说张道陵在云锦山修炼九天神丹，神丹炼成之日，有一条青龙和一只白虎同时出现在空中护卫，于是他把神丹取名为"龙虎神丹"，也把云锦山改称为龙虎山。张道陵吃了神丹，从此成了神仙。后来他便开始云游四海，讲道布教，人们称他为"张天师"。

张天师的子孙便长期定居在了龙虎山，在此创建坛宇招徒传教，开启了龙虎山道教文化的历史。大约在215年至220年期间，第四代天师张盛从陕南汉中迁回江西龙虎山承启道教，在此建造了"传箓坛"。

唐武宗执政时，他曾召见第二十代天师张湛，并赐银让他在传箓坛旧址上建造道观，还赐匾"真仙观"。从此，道教历史上的第一个道观便建成了。

真仙观建成之后，又经历了多次更名。北宋时宋真宗召见第二十四代天师张正随史部授箓，敕改"真仙观"为"上清观"，宋徽宗召见第三十代天师张继先设法坛做法事，把"上清观"升格为"上清正一宫"。元武宗再次把"上清正一宫"更名为"大上清正一万寿宫"。清代康熙皇帝为了弘扬正一道，为上清宫御书宫额，更名为"大上清宫"。

齐云山，古称白岳，坐落于安徽省休宁县城

上善若水

道教历史与道教文化

碑刻 泛指刻石文字或图案。最早的碑刻文字，首推秦朝的"石鼓文"，多数的碑刻有毛笔写件蓝本或书丹上石。但有些摩崖石刻及石窟，往往不经书写而直接用刀在石面上雕琢。无底本的碑刻不容易揣摩书写的笔法，即使根据真迹上石镌刻，也常存在笔意走样。

西，有"黄山白岳甲江南"的美誉。它有"三十六奇峰"，"七十二怪崖"，间以幽洞、曲洞、碧池和青泉汇成胜境。因为它的最高峰廊崖有"一石插天，与云并齐"的景观而得名"齐云山"。

齐云山全山有宫、殿、院、坛和阁等108处，道观27处，道房12家，与江西龙虎山、湖北武当山还有四川鹤鸣山并称为四大道教圣地。山中的道教绘画、摩崖石刻和碑刻数以千计，几乎峰峰有题词、洞洞有刻铭。

齐云山的道教属于张道陵所创建的正一道，道教文化历史十分悠久，其道教活动开始于唐代。宋代朝廷下令在齐云山正式建筑道院，齐云山道教逐步有了新的发展。明代时，明宣宗在1429年下令建造"三清殿"于拱日峰下，从此齐云山道教兴盛起来。至清代，齐云山道教继续发展，至清乾隆年间，乾隆皇帝还称它为"天下无双胜地，江南第一名山"。

道教不仅追求人与自然的和谐，也同样注重人与社会的和谐。齐云山中的道院和一般民宅没有太大的区别，除了一般道教宫观都有的雕梁画栋、错落有致、与自然峰岩浑然一体的特点外，齐云山的道院

齐云山道观全景

在外形和功能上就是一个典型的民居，而且大多数的道院和山中的民居是不相分隔的。

齐云山的宗教信仰活动，也是齐云山道教致力于社会和谐的一个重要内容。徽州地区的百姓所供奉的神有很多，有祖先神、行业神、自然神和乡土神等，是一个拥有多神崇拜的地域。因此，与此相关的庙宇林立，终年香火袅袅，一到道教节日的时候，到齐云山进香的人总会络绎不绝。

武当山，又名太和山，古时称"玄岳"、"太岳"，坐落于湖北省的西北部。明代著名旅行家徐霞客曾经赞叹此山出于五岳之上。此山四周有"七十二峰"耸立，"二十四水"环流，危岩奇洞深藏，白云绿树交映，蔚为壮观。

武当山古建筑群集中体现了我国古代宗教的建筑文化和艺术成就，代表了我国古代建筑艺术的最高水平。宋代时，宋徽宗在武当山大顶之北创建了紫霄宫祭祀真武大帝，使武当山成为道教名流向往的道教圣地，后来明成祖朱棣封它为"紫霄福地"。

紫霄宫位于天柱峰东北方向的展旗峰下，是武当山八大宫观中规模最大、保存最完整的道教建筑之一。紫霄宫内主要有龙虎殿、十方

武当山紫霄殿

堂、紫霄殿、佳音杉、父母殿、东宫、西宫和太子岩等。宫殿周围的山冈峰峦延绵不绝，形成了一幅二龙戏珠的场面。

■武当山紫霄宫

紫霄宫背依展旗峰，面对照壁、三公、五老、蜡烛、落帽和香炉诸峰，宫殿的右边是雷神洞，左边是蓬莱第一峰。在宫殿的近前还有禹迹池和宝珠峰等。整座宫殿雄伟壮丽，气势恢宏。

自东天门入龙虎殿，之后是循碑亭、朝拜殿、紫霄殿和父母殿，层层殿堂依山叠砌。其余的殿堂楼阁，鳞次栉比。两侧为东宫、西宫，自成院落，幽静雅致。再加上四周松柏挺秀，竹林茂密，名花异草，相互掩映，使这片古建筑更显得高贵富丽。

紫霄大殿是紫霄宫的正殿。也是武当山存留下来的唯一重檐歇山式木结构的殿堂，是我国古建筑中屈指可数的抬梁式大木结构的道教建筑。

紫霄大殿的结构和布局科学合理，艺术风格协调统一，同自然环境融为一体，在武当山古建筑群中独

徐霞客（1587—1641），名弘祖，字振之，号霞客，明南直隶江阴。伟大的地理学家、旅行家和探险家。我国地理名著《徐霞客游记》的作者，被称为"千古奇人"。他把科学和文学融合在一起，探索自然奥秘，调查火山，寻觅长江源头，更是世界上第一位石灰岩地貌考察学者，其见解与现代地质学基本一致。

青城山石刻

具风貌。最为奇妙的是紫霄大殿的内部。大殿内雕梁画栋，富丽堂皇，构思巧妙，造型舒展大方，装修古朴典雅，陈设庄重考究。大殿内设神龛五座，供有数以百计的珍贵文物，大多为元明清三代塑造的各种神像和供器，造型各异，生动逼真，具有极高的观赏和科研价值。

除此以外，宋徽宗还下令建造了紫云殿、老君庵和仙关台等。宋元交兵之际，武当山的所在地均州也遭到了兵灾，所以山上的宫观受到严重的破坏。后来，明成祖朱棣和清仁宗颙琰又对紫霄宫进行了扩建和修葺，使它恢复了往日的繁荣。

青城山是我国道教发祥地之一，属道教名山，位于四川省都江堰市的西南部，古名"丈人山"、"石城山"。以"三十六峰"、"八大洞"、"七十二小洞"和"一百零八景"著称。它的自然环境十分优美，因它满山翠绿，远远望去就像一座翡翠城郭而得名"青城山"。

青城山的环境之所以郁郁葱葱，还有着大禹的功劳。大禹治洪水、疏九河的传说在我国可以说家喻户晓，但他治理青城山的故事，知道的人却不多。

相传青城山在尧舜禹所在的上古时期叫"石城山"，因为那时它的山峰光秃秃的，不能存水，动物和植物都很难生存。后来，经过大禹的治理，石城山变得树木葱茏。随着自然环境的改变，山名也改为了青城山。

青城山作为我国著名的道教名山，道教建筑古迹非常多，存留下来完好的道教宫观就有数十座，由此可见道教曾经在青城山盛极一时。

除了道教建筑外，青城山的其他道家文化还有很多，例如道教名人、道教养生和道教武术等。其中青城山的养生文化是中华传统文化的精华之一。

青城山道教的养生主要为医药养生。隋唐时期，青城山道家已将药功与养生相结合。后来在唐代，孙思邈曾来到青城山，著《千金要方》，在书中辟有专卷论养生。

在后来的唐武宗时，青城道士邢先生，精于医术。当时，武宗患心热之疾，众医诊治无效。邢先生来到宫廷，从肘后青囊中取出青丹两粒，绞梨汁进服。武宗的疾病很快就被去除。

青城山道家的"药功"流传到清代以后，已积累了许多用药独特、疗效突出、副作用少的药方和医术，其范围涉及内科、外科、伤科、妇科、儿科等门类，而以骨伤科最为神奇有效。例如对活血祛瘀卓有特效的川芎的培育，便是青城山道家对我国药学的一大贡献。

神龛 一种放置神明塑像或者是祖宗灵牌的小阁，规格大小不一，一般按照祠庙厅堂的宽狭和神位的多少而定。比较大的神龛有底座，是一种敞开的形式。祖宗龛无垂帘，有龛门。神佛龛座位不分台阶，依神佛主次设位；祖宗龛分台阶按辈分自上而下设位。因此，祖宗龛多为竖长方形，神佛龛多为横长方形。

153

■ 青城山古常道观

青城山药王殿

青城山道医结合的传统，一直流传下来，后来在上清宫还设有"济贫医社"，以中药及针灸为山民治病，得到冯玉祥将军的称赞，并为匾题字"医国济民"。

青城山及道教的养生方法，有些像静心、守一等都包含了许多科学知识，对人类养生非常有好处。至于那些服用丹丸之类，对于人的长寿延年是没有意义或者意义极微的，有些则是有毒的，服用过量即可致死。但它在道教养生术的发展史上，为我国古代化学和古代医药做出了很大的贡献。

阅读链接

传说，龙虎山有一代天师的母亲性情好动，喜欢游山玩水，而这位天师也格外孝敬母亲，对母亲唯命是从。

有一天，天师陪伴母亲游玩，夜宿许家村。当时正值初夏，村内成群结队的蚊子特别大，天师母亲刚住进来不久，便被蚊子咬得全身红肿。天师满脸羞愧，抽出宝扇，口念法咒，轻轻地一扇，只见蚊公蚊婆拖儿带女逃出山窝。从此许家村就再也没有蚊子了。

道教文化载体的道观

　　道观是我国道教供奉神像和进行宗教活动的庙宇，著名的有崂山太清宫、北京白云观、泰山岱庙、嵩山中岳庙、山西芮城永乐宫。这些道观的建筑风格及道观艺术作品，在我国几千年的文明历史当中，对中华文化产生了深远的影响。

■崂山太清宫正门

■崂山太清宫塔园

崂山太清宫俗称下宫，位于山东青岛东50里的崂山老君峰下、崂山海湾之畔，是道观中历史悠久、规模最大的一座名观。

崂山太清宫始建于西汉时期，当时的人们对玄学的研究相当普遍，宫廷中从皇帝到众官员都以精于玄学为荣。在这众多的官员中，有一名叫张廉夫的才子，在当时的玄学潮中独领风骚。

张廉夫本是汉景帝时期的朝大夫，但由于他非常喜欢玄学，最终选择了到离京城最近的终南山修道。他在终南山学道数载后，把师傅教的道教学问都学完了，之后便开始云游名山大川，并一路收留一些有缘的弟子。西汉武帝建元年间的公元前140年，张廉夫和其弟子来到了山东青岛地区的崂山。

张廉夫见此地三面环山，前濒面海，认为此地是建立道观的最佳地方，于是，他在崂山老君峰下选择背山面海处，用了3年时间，和众弟子相继建起了"三官庵"和"三清殿"两座茅庵，这便是崂山人工修建的首座道教庙宇，张廉夫将它们命名为"三官庙"。

三官庙建成后，张廉夫便在此地广收学徒，并举行了正规的授徒祭拜仪式，从此，这里便正式成为道教道观，这为崂山道教以后的发展奠定了基础。

904年，被唐代朝廷敕封的高道李哲玄来到崂山，他见这里风景优美，环境极佳，于是依照道教"道生一，一生二，二生三，三生万物"的哲学思想，对三官庙的甬道和附属建筑布局进行了调整和修建，使园林布局形成了正规的寺庙园林风格；并集资兴建一座殿堂，名为三皇殿。

李哲玄的师侄刘若拙是一名高道，他为寻访其师叔李哲玄来到了崂山三皇殿，然后组织了一些道人在崂山修建了一所茅庵供奉老子神像。宋太祖赵匡胤曾拨给三官庙巨款，要求刘若拙对三皇殿进行大规模修缮。李哲玄将修缮后的三皇殿改称为太清宫。

太清宫重修后，就基本形成了现在的规模，主要正殿有三官殿、三清殿和三皇殿等。以后又陆续经历过无数次的修缮，但它总是保留着宋代刘若拙时的建筑特点和风格，它虽不是富丽堂皇，却不乏古朴庄严，是典型的道教殿堂。

太清宫从初创到现在已经历2000多年的历史，在众多的道教庙殿当中，它是有记载的最早的崂山道教祖庭。因此可以说，现存的太清景区是崂山景区中展现道教文化的代表景区。

玄学 是对《老子》《庄子》和《周易》的研究和解说。产生于魏晋，是魏晋时期的主要哲学思潮，是道家和儒家融合而出现的一种哲学、文化思潮。"玄学"之称的由来，正是因为魏晋时期清谈家称《周易》《老子》《庄子》三本书为"三玄"，"玄学"之名便由此而来。

角色转换

道教俗化

■崂山太清宫香炉

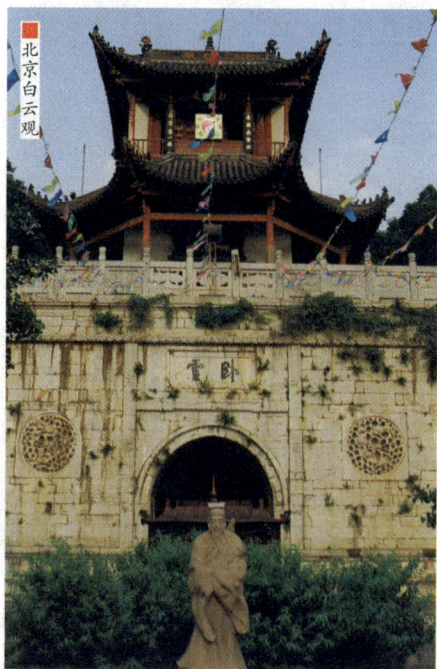
北京白云观

北京白云观是道教全真教派的第一丛林，始建于唐代，明代更名为"白云观"，是北京历史上最为著名和现存规模最大的道观建筑，被人们称为"全真龙门派祖庭"。

全真龙门派是王重阳开创的全真七派中发展最快、影响最大的教派，由"北七真"之一丘处机所传并发扬光大。丘处机曾经率弟子尹志平等人远涉西域谒见成吉思汗，建议成吉思汗以"敬民爱民"为本，深得成吉思汗赞赏，赐给他"神仙"、"大宗师"称号，又把北京当时叫燕京的太极宫赐给丘处机居住，并让他掌管天下道教。

丘处机西行归来，入住太极宫后，他看见此道观遍地瓦砾，到处破烂不堪，便立即兴建，经过3年努力，太极宫的各个大殿以及楼台又焕然一新。

1227年，丘处机羽化于太极宫，同年，成吉思汗颁布圣旨改此宫为"长春宫"。第二年，丘处机弟子尹志平于长春宫的东边修建起一座道院，称为"白云观"，用于专门存放丘处机的遗骨，并为存放地点取名为"处顺堂"。

白云观经过明清时期重修后，现在的建筑群体分为中、东、西三路，其中，中路部分的众多殿堂都是在明朝时期修建起来的。这些建筑主要有灵官殿、三官殿、玉皇殿、财神殿、救苦殿、老律堂、药王殿和三清四御殿等。

此外，白云观内原山门上，还悬挂了一幅名为"敕建白云观"的匾额，这是当年明英宗皇帝所赐之物。此匾额是生铁铸造而成，其寓意是企望白云观坚固持久，像铁铸一般。正因如此，从明代起，白云观便有了"铁打的白云观"之美誉。

泰山岱庙旧称东岳庙或泰山行宫，位于山东泰安市区北，泰山南麓。它是泰山最大、最完整的古建筑群，也是寺庙建筑中规格最高的，为道教神府，是历代帝王举行封禅大典和祭祀泰山神的地方。

此庙创建历史悠久，始建于汉代，至唐代时已殿阁辉煌。其建筑风格采用帝王宫城的式样，庙貌巍峨，宫阙重叠，气象万千。它与北京故宫、山东曲阜三孔、承德避暑山庄，并称我国四大古建筑群。

1008年，宋、辽签订了"澶渊之盟"后，宋真宗为了平息朝野的怨愤之情，采纳了副宰相王钦若策谋的"天降诏书"的意见，于同年十月率领群臣，车载"天书"来到泰山，举行了隆重的答谢天恩告祭大礼，并定每年六月初六为"天贶节"。

宋真宗封禅泰山以后，为了感谢"天书"，在告祭大典的第二年，下诏大规模地扩建岱庙。据《重修泰岳庙记碑》所载，经过此次

■泰安岱庙

扩建后，此庙有"殿、寝、堂、阁、门、亭、库、馆、楼、观、廊、庑八百一十有三楹"。其后，金、元、明、清历代对岱庙均有重修，但基本上均保持了宋代扩建后的规模。

现存的岱庙南北长405.7米，东西宽236.7米，呈长方形，面积为9.6万平方米。岱庙的建筑，采用了我国古代纵横双方扩展的形式，总体布局以南北为纵轴线，划分为东、中、西三轴线。

东轴前后设汉柏院、东御座、花园；西轴前后有唐槐院、环咏亭院、雨花道院；中轴前后建有正阳门、配天门、仁安门、天贶殿、后寝宫、厚载门。主体建筑宋天贶殿位于岱庙内后半部，高踞台基之上，其他建筑则设在中心院落之外，彼此独立，又有内在联系。

这种建筑布局是按照宗教的需要和宫城的格局构思设计的，形成分区鲜明，主次有序，庄严古朴的独特风格。并通过建筑空间的变幻，在庄重、肃穆和幽深、雅朴的相互渗透中相映成趣，完整一体。庙中巍峨的殿宇与高入云端的南天门遥相呼应，给人以置身泰山之中的感觉。

岱庙是一座赏心悦目的古典园林，这里的每一处建筑都体现着我

国古代建筑艺术的风采，每一件文物都反映了泰山的文明发展。因此，可以说它是一座融建筑、园林、雕刻、绘画和传统文化于一体的古代艺术博物馆。

嵩山中岳庙位于河南嵩山东麓黄盖峰下，是中州地区最大的一座庙宇，也是五岳中现存最古老最庞大的古建筑群。

嵩山中岳庙始建于汉代。据说，汉武帝游览和礼祭嵩山，当他登上嵩山时，曾听到群山发出"万岁"的声音，贪恋长寿的汉武帝听了以后十分高兴，于是下令命祠官在嵩山建太室神祠，并禁止周围的人砍伐太室山上的树木，还将山下的百亩地封给神祠作为供奉之用。

汉武帝之后，东汉安帝又在嵩山上增建了太室阙，并又对太室神祠进行了修整，于是，来这里传道修行的道士更多了。到了北魏时期，正式定名为中岳庙，从此，此寺庙归由道教管理。

亭 是我国传统建筑，多建于路旁，供行人休息、乘凉或观景用。亭一般为开敞性结构，没有围墙，顶部可分为六角、八角、圆形等多种形状。亭子在我国园林的意境中起到很重要的作用。亭的历史十分悠久，但古代最早的亭并不是供观赏用的建筑，而是用于防御的堡垒。

■ 岱庙全景

■ 中岳庙遥参亭

在唐代，中岳庙得到了进一步发展。武则天于696年登嵩山封神时，加封中岳神，并改嵩阳县为登封县。唐玄宗又在开元年间仿照汉武帝加增太室祠，并对中岳庙大加整饰，扩建殿宇，这样一来，中岳庙迎来了它的鼎盛时期。

唐代重修的中岳庙由于战乱并没有完整保存下来，庙宇内现存的建筑是清初顺治至乾隆年间人们仿照当时的北京故宫重修的，故有"小故宫"之称。

现存的中岳庙庙制基本上保留着清代重修以后的规模，中轴线建筑共11进，中华门、遥参亭、天中阁、配天作镇坊、崇圣门、化三门、峻极门、峻极坊、中岳大殿、寝殿、御书楼等。从中华门起全长650米，面积11万多平方米，是中岳嵩山现存较完整的古庙宇建筑群。

此外，中岳庙的东路和西路，还分别建有太尉宫、火神宫、祖师宫、小楼宫、神州宫和龙王殿等单独的小院落，现存明清建筑近400间，金石铸器200余件，汉到清的古柏300余株。

正是这些亭门宫殿，构成了中岳庙规模宏大的古建筑群。而如此宏大而又幽雅庄严的庙宇在我国国内也是罕见的，为此，此地也被称为华夏文明的圣地。

芮城永乐宫，原名"大纯阳万寿宫"，位于山西

祠堂 是族人祭祀祖先或先贤的场所。祠堂有多种用途。除了"崇宗祀祖"之用外，各房子孙平时有办理婚、丧、寿、喜等事时，便利用这些宽广的祠堂作为活动之用。另外，族亲们有时为了商议族内的重要事务，也利用祠堂作为会聚场所。

芮城县城北约3千米处的龙泉村东。此道观始建于元代，是为奉祀唐代道教"八洞神仙"之一的吕洞宾而建，是我国道教三大祖庭之一。

吕洞宾是"八仙"中最著名、民间传说最多的一位。他自幼熟读经史，长大后中了进士并在家乡做官，据说后来遇到已经成仙的钟离权的度化，得道成仙，云游四方，为百姓解除疾病，从来不要任何报酬。

因为吕洞宾一生乐善好施，扶危济困，深得百姓敬仰，所以当他羽化后，家乡的百姓便为他修建了一座祠堂，取名为"吕公祠"，以此纪念他。到了金代，人们将吕公祠改成了吕公观。元代，由于全真教的兴盛，吕公观被改建为大纯阳万寿宫。

现存的永乐宫就是典型的元代建筑风格，几个大殿以南、北为中轴线，依次排列，主要由龙虎殿、三清殿、纯阳殿和重阳殿四大殿组成。而龙虎殿的壁

华夏 是古代汉族的自称，即华夏族。原指我国中原地区，后包举我国全部领土而言，遂又为中国的古称。"华夏"一词由周王朝创造。最初指代周王朝。华夏文明亦称中华文明，是世界上最古老的文明之一，也是世界上持续时间最长的文明之一。

■永乐宫钟吕传道图

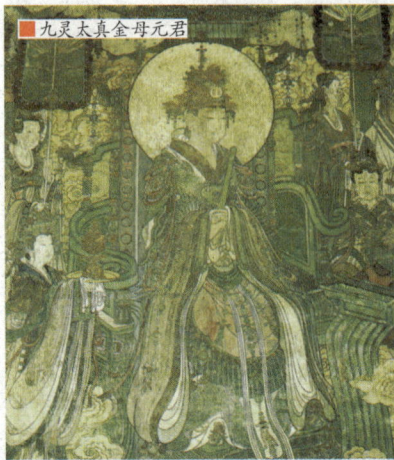
九灵太真金母元君

画，描绘的是道教神仙朝拜老子的盛况，被称为《朝元图》，在我国壁画史上具有重要地位。

在龙虎殿东、西、北三壁及神龛左右两侧，分别画有8位身高3米的主神。围绕主神，280余位神仙重叠地排成四层，组成长长的行列。

在神仙行列中，有肃穆庄严的帝君，仙风飘逸的仙伯、真人、神王，有威武剽悍的元帅、力士，有清秀美丽的金童玉女，他们有的对话，有的倾听，有的顾盼，有的沉思，场面宏伟庄严真切，使观看者有身临其境之感。

这些壁画对人物形象的描绘，充分地体现了我国绘画的特点。画师以简练而严谨、流畅而刚劲的线条刻画了众多生动的形象，这些形象按不同的年纪、性格和表情，变化多样而不雷同。线条在疏密有致的组织中，刚柔相济的变化中，创造了和谐的韵律和装饰性效果。

壁画色彩除了主神衣服用绯红和堆金沥粉以外，全画以青绿为主，表现了理想中神的庄严和清静。280多位神仙组成八组，在统一中求得变化，以免单调平板，显示了作者高妙的构图技巧和匠心。

164
上善若水
道教历史与道教文化

阅读链接

关于白云观还有这样一个传说：丘处机真人从大漠回来以后，奉命重建白云观。建好后，过了没多久有一位和尚为压倒白云观，在观的西面建了一座佛刹，起名为"西风寺"，内中暗藏玄机，用意为"卷起西风，让白云无影无踪"。

白云观的道长看在眼里，心里全都了然，这时白云观大殿前正在修建的一座石桥要竣工了，老道长便把这桥叫"窝风桥"，西风再厉害，也过不了这桥。后来白云观的香火越来越旺。

中华精神家园书系

建筑古蕴

壮丽皇宫：三大故宫的建筑壮景
宫殿怀古：古风犹存的历代华宫
古都遗珍：古都的厚重历史遗迹
千古都城：三大古都的千古传奇
王府胜景：北京著名王府的景致
府衙古影：古代府衙的历史遗风
古城底蕴：十大古城的历史风貌
古镇奇葩：物宝天华的古镇奇观
古村佳境：人杰地灵的千年古村
经典民居：精华浓缩的最美民居

古建风雅

皇家御苑：非凡胜景的皇家园林
非凡胜景：北京著名的皇家园林
园林精粹：苏州园林特色与名园
秀美园林：江南园林特色与名园
园林千姿：岭南园林特色与名园
雄丽之园：北方园林特色与名园
亭台情趣：迷人的典型精品古建
楼阁雅韵：神圣典雅的古建象征
三大名楼：文人雅士的汇聚之所
古建古风：中国古典建筑与标志

古建之魂

千年名刹：享誉中外的佛教寺院
天下四绝：佛教的海内四大名刹
皇家寺院：御赐美名的著名古刹
寺院奇观：独特文化底蕴的名刹
京城宝刹：北京内外八刹与三山
道观杰作：道教的十大著名宫观
古塔瑰宝：无上玄机的魅力古塔
宝塔珍品：巧夺天工的非常古塔
千古祭庙：历代帝王庙与名臣庙

文化遗迹

远古人类：中国最早猿人及遗址
原始文化：新石器时代文化遗迹
王朝遗韵：历代都城与王城遗址
考古遗珍：中国的十大考古发现
陵墓遗存：古代陵墓与出土文物
石窟奇观：著名石窟与不朽艺术
石刻神工：古代石刻与文化艺术
岩画古韵：古代岩画与艺术特色
家居古风：古代建材与家居艺术
古道依稀：古代商贸通道与交通

古建涵蕴

天下祭坛：北京祭坛的绝妙密码
祭祀庙宇：香火旺盛的各地神庙
绵延祠庙：传奇神人的祭祀圣殿
至圣尊崇：文化浓厚的孔孟祭地
人间天宫：非凡造诣的妈祖庙宇
祠庙典范：最具人文特色的祭祠
绝代王陵：气势恢宏的帝王陵园
王陵雄风：空前绝后的地下城堡
大宅揽胜：宏大气派的大户宅第
古街韵味：古色古香的千年古街

物宝天华

青铜时代：青铜文化与艺术特色
玉石之国：玉器文化与艺术特色
陶器寻古：陶器文化与艺术特色
瓷器故乡：瓷器文化与艺术特色
金银生辉：金银文化与艺术特色
珐琅精工：珐琅器与文化之特色
琉璃古风：琉璃器与文化之特色
天然大漆：漆器文化与艺术特色
天然珍宝：珍珠宝石与艺术特色
天下奇石：赏石文化与艺术特色

中华精神家园书系

古迹奇观
玉宇琼楼：分布全国的古建筑群
城楼古景：雄伟壮丽的古代城楼
历史开关：千年古城墙与古城门
长城纵览：古代浩大的防御工程
长城关隘：万里长城的著名关卡
雄关漫道：北方的著名古代关隘
千古要塞：南方的著名古代关隘
桥的国度：穿越古今的著名桥梁
古桥天姿：千姿百态的古桥艺术
水利古貌：古代水利工程与遗迹

山水灵性
母亲之河：黄河文明与历史渊源
中华巨龙：长江文明与历史渊源
江河之美：著名江河的文化源流
水韵雅趣：湖泊泉瀑与历史文化
东岳西岳：泰山华山与历史文化
五岳名山：恒山衡山嵩山的文化
三山美名：三山美景与历史文化
佛教名山：佛教名山的文化流芳
道教名山：道教名山的文化流芳
天下奇山：名山奇迹与文化内涵

自然遗产
天地厚礼：中国的世界自然遗产
地理恩赐：地质蕴含之美与价值
绝美景色：国家综合自然风景区
地质奇观：国家自然地质风景区
无限美景：国家自然山水风景区
自然名胜：国家自然名胜风景区
天然生态：国家综合自然保护区
动物乐园：国家动物自然保护区
植物王国：国家保护的野生植物
森林景观：国家森林公园大博览

西部沃土
古朴秦川：三秦文化特色与形态
龙兴之地：汉水文化特色与形态
塞外江南：陇右文化特色与形态
人类敦煌：敦煌文化特色与形态
巴山风情：巴渝文化特色与形态
天府之国：蜀文化的特色与形态
黔风贵韵：黔贵文化特色与形态
七彩云南：滇云文化特色与形态
八桂山水：八桂文化特色与形态
草原牧歌：草原文化特色与形态

东部风情
燕赵悲歌：燕赵文化特色与形态
齐鲁儒风：齐鲁文化特色与形态
吴越人家：吴越文化特色与形态
两淮之风：两淮文化特色与形态
八闽魅力：福建文化特色与形态
客家风采：客家文化特色与形态
岭南灵秀：岭南文化特色与形态
潮汕之根：潮州文化特色与形态
滨海风光：琼州文化特色与形态
宝岛台湾：台湾文化特色与形态

中部之魂
三晋大地：三晋文化特色与形态
华夏之中：中原文化特色与形态
陈楚风韵：陈楚文化特色与形态
地方显学：徽州文化特色与形态
形胜之区：江西文化特色与形态
淳朴湖湘：湖湘文化特色与形态
神秘湘西：湘西文化特色与形态
瑰丽楚地：荆楚文化特色与形态
秦淮画卷：秦淮文化特色与形态
冰雪关东：关东文化特色与形态

节庆习俗
普天同庆：春节习俗与文化内涵
张灯结彩：元宵习俗与彩灯文化
寄托哀思：清明祭祀与寒食习俗
粽情端午：端午节与赛龙舟习俗
浪漫佳期：七夕节俗与妇女乞巧
花好月圆：中秋节俗与赏月之风
九九踏秋：重阳节俗与登高赏菊
千秋佳节：传统节日与文化内涵
民族盛典：少数民族节日与内涵
百姓聚欢：庙会活动与赶集习俗

民风根源
血缘脉系：家族家谱与家庭文化
万姓之根：姓氏与名字号及称谓
生之由来：生庚生肖与寿诞礼俗
婚事礼俗：嫁娶礼俗与结婚喜庆
人生遵俗：人生处世与礼俗文化
幸福美满：福禄寿喜与五福临门
礼仪之邦：古代礼制与礼仪文化
祭祀庆典：传统祭典与祭祀礼俗
山水相依：依山傍水的居住文化

衣食天下
衣冠楚楚：服装艺术与文化内涵
凤冠霞帔：佩饰艺术与文化内涵
丝绸锦缎：古代纺织精品与布艺
绣美中华：刺绣文化与四大名绣
以食为天：饮食历史与筷子文化
美食中国：八大菜系与文化内涵
中国酒道：酒历史酒文化的特色
酒香千年：酿酒遗址与传统名酒
茶道风雅：茶历史茶文化的特色

国风美术
丹青史话：绘画历史演变与内涵
国画风采：绘画方法体系与类别
独特画派：著名绘画流派与特色
国画瑰宝：传世名画的绝色魅力
国风长卷：传世名画的大美风采
艺术之根：民间剪纸与民间年画
影视鼻祖：民间皮影戏与木偶戏
国粹书法：书法历史与艺术内涵
翰墨飘香：著名书法名作与艺术
行书天下：著名行书精品与艺术

汉语之魂
汉语源流：汉字汉语与文章体类
文学经典：文学评论与作品选集
古老哲学：哲学流派与经典著作
史册汗青：历史典籍与文化内涵
统御之道：政论专著与文化内涵
兵家韬略：兵法谋略与文化内涵
文苑集成：古代文献与经典专著
经传宝典：古代经传与文化内涵
曲苑音坛：曲艺说唱项目与艺术
曲艺奇葩：曲艺伴奏项目与艺术

博大文学
神话魅力：神话传说与文化内涵
民间相传：民间传说与文化内涵
英雄赞歌：四大英雄史诗与内涵
灿烂散文：散文历史与艺术特色
诗的国度：诗的历史与艺术特色
词苑漫步：词的历史与艺术特色
散曲奇葩：散曲历史与艺术特色
小说源流：小说历史与艺术特色
小说经典：著名古典小说的魅力

歌舞共娱

古乐流芳： 古代音乐历史与文化
钧天广乐： 古代十大名曲与内涵
八音古乐： 古代乐器与演奏艺术
鸾歌凤舞： 古代大曲历史与艺术
妙舞长空： 舞蹈历史与文化内涵
体育古坊： 体育运动与古老项目
民俗娱乐： 民俗运动与古老项目
刀光剑影： 器械武术种类与文化
快乐游艺： 古老游艺与文化内涵
开心棋牌： 棋牌文化与古老项目

科技回眸

创始发明： 四大发明与历史价值
科技首望： 万物探索与发明发现
天文回望： 天文历史与天文科技
万年历法： 古代历法与岁时文化
地理探究： 地学历史与地理科技
数学史鉴： 数学历史与数学成就
物理源流： 物理历史与物理科技
化学历程： 化学历史与化学科技
农学春秋： 农学历史与农业科技
生物寻古： 生物历史与生物科技

文化标记

龙凤图腾： 龙凤崇拜与舞龙舞狮
吉祥如意： 吉祥物品与文化内涵
花中四君： 梅兰竹菊与文化内涵
草木有情： 草木美誉与文化象征
雕塑之韵： 雕塑历史与艺术内涵
壁画遗韵： 古代壁画与古墓丹青
雕刻精工： 竹木骨牙角匏与工艺
百年老号： 百年企业与文化传统
特色之乡： 文化之乡与文化内涵

杰出人物

文韬武略： 杰出帝王与励精图治
千古忠良： 千古贤臣与爱国爱民
将帅传奇： 将帅风云与文韬武略
思想宗师： 先贤思想与智慧精华
科学鼻祖： 科学精英与求索发现
发明巨匠： 发明天工与创造英才
文坛泰斗： 文学大家与传世经典
诗神巨星： 天才诗人与妙笔华篇
画界巨擘： 绘画名家与绝代精品
艺术大家： 艺术大师与杰出之作

戏苑杂谈

梨园春秋： 中国戏曲历史与文化
古戏经典： 四大古典悲剧与喜剧
关东曲苑： 东北戏曲种类与艺术
京津大戏： 北京与天津戏曲艺术
燕赵戏苑： 河北戏曲种类与艺术
三秦戏苑： 陕西戏曲种类与艺术
齐鲁戏台： 山东戏曲种类与艺术
中原曲苑： 河南戏曲种类与艺术
江淮戏话： 安徽戏曲种类与艺术

千秋教化

教育之本： 历代官学与民风教化
文武科举： 科举历史与选拔制度
教化于民： 太学文化与私塾文化
官学盛况： 国子监与学宫的教育
朗朗书院： 书院文化与教育特色
君子之学： 琴棋书画与六艺课目
启蒙经典： 家教蒙学与文化内涵
文房四宝： 纸笔墨砚及文化内涵
刻印时代： 古籍历史与文化内涵
金石之光： 篆刻艺术与印章碑石

悠久历史

古往今来： 历代更替与王朝千秋
天下一统： 历代统一与行动韬略
太平盛世： 历代盛世与开明之治
变法图强： 历代变法与图强革新
古代外交： 历代外交与文化交流
选贤任能： 历代官制与选拔制度
法治天下： 历代法制与公正严明
古代税赋： 历代赋税与劳役制度
三农史志： 历代农业与土地制度
古代户籍： 历代区划与户籍制度

信仰之光

儒学根源： 儒学历史与文化内涵
文化主体： 天人合一的思想内涵
处世之道： 传统儒家的修行法宝
上善若水： 道教历史与道教文化

梨园撷系

苏沪大戏： 江苏上海戏曲与艺术
钱塘戏话： 浙江戏曲种类与艺术
荆楚连台： 湖北戏曲种类与艺术
潇湘梨园： 湖南戏曲种类与艺术
滇黔好戏： 云南贵州戏曲与艺术
八桂梨园： 广西戏曲种类与艺术
闽台戏苑： 福建戏曲种类与艺术
粤琼戏话： 广东戏曲种类与艺术
赣江好戏： 江西戏曲种类与艺术

传统美德

君子之为： 修身齐家治国平天下
刚健有为： 自强不息与勇毅力行
仁爱孝悌： 传统美德的集中体现
谦和好礼： 为人处世的美好情操
诚信知报： 质朴道德的重要表现
精忠报国： 民族精神的巨大力量
克己奉公： 强烈使命感和责任感
见利思义： 崇高人格的光辉写照
勤俭廉政： 民族的共同价值取向
笃实宽厚： 宽厚品德的生活体现

历史长河

兵器阵法： 历代军事与兵器阵法
战事演义： 历代战争与著名战役
货币历程： 历代货币与钱币形式
金融形态： 历代金融与货币流通
交通巡礼： 历代交通与水陆运输
商贸纵观： 历代商业与市场经济
印纺工业： 历代纺织与印染工艺
古老行业： 三百六十行由来发展
养殖史话： 古代畜牧与古代渔业
种植细说： 古代栽培与古代园艺

强健之源

中国功夫： 中华武术历史与文化
南拳北腿： 武术种类与文化内涵
少林传奇： 少林功夫历史与文化